财务管理基础知识

主　编　王建领　王美静　马承金
副主编　李佰领　邓慧芳　裴新语　万庆平　薛碧云
参　编　单晓宇　王增艳　殷宪成　李娅婷　王海涛
主　审　肖　涵

北京理工大学出版社
BEIJING INSTITUTE OF TECHNOLOGY PRESS

内 容 简 介

本书根据职业岗位的任职要求，参照职业资格标准，以企业财务管理活动为主线，将内容分为八个项目（走近财务管理、计算货币时间价值、筹资管理、营运资金管理、项目投资管理、证券投资管理、利润分配管理、财务分析），系统地阐述了现代企业如何进行财务管理。

本书案例新颖，讲解透彻，可作为在职人员培训教材和职称考试的参考用书。

版权专有　侵权必究

图书在版编目（CIP）数据

财务管理基础知识 / 王建领，王美静，马承金主编.
-- 北京：北京理工大学出版社，2024.4
　　ISBN 978-7-5763-3826-3

Ⅰ.①财⋯　Ⅱ.①王⋯ ②王⋯ ③马⋯　Ⅲ.①财务管理-基础知识　Ⅳ.①F275

中国国家版本馆 CIP 数据核字（2024）第 079194 号

责任编辑：王晓莉		**文案编辑**：王晓莉	
责任校对：刘亚男		**责任印制**：施胜娟	

出版发行 / 北京理工大学出版社有限责任公司
社　　址 / 北京市丰台区四合庄路 6 号
邮　　编 / 100070
电　　话 /（010）68914026（教材售后服务热线）
　　　　　　（010）68944437（课件资源服务热线）
网　　址 / http://www.bitpress.com.cn

版 印 次 / 2024 年 4 月第 1 版第 1 次印刷
印　　刷 / 定州启航印刷有限公司
开　　本 / 889 mm×1194 mm　1/16
印　　张 / 12
字　　数 / 244 千字
定　　价 / 75.00 元

图书出现印装质量问题，请拨打售后服务热线，负责调换

前 言
PREFACE

党的二十大报告指出:"科技是第一生产力、人才是第一资源、创新是第一动力。技能人才,特别是高技能人才已成为中国式现代化建设的刚性需求。"为落实二十大精神,根据《中华人民共和国公司法》《企业财务通则》《企业会计准则》及现行法律法规,结合我国企业财务管理工作特点,我们编写了这本《财务管理基础知识》。

本书按照企业的资金运作过程和财务管理工作过程组织框架体系,参照全国会计专业技术中级资格考试财务管理科目考试内容和实际岗位需求选定内容,充分体现出财经类图书"业财融合"的设计理念。本书以项目和任务为载体,突出实践环节,注重综合职业能力培养,着力提升读者的动手能力。本书具有以下特色:

一是任务引领,实现学习、操做一体化。本书按照财务管理工作过程将内容分为八个项目,每个项目又分为若干个工作任务,每个任务的学习按任务布置、知识准备、任务实施、任务评价组织设计。

二是结构创新、体系完整。在确保科学性和严谨性的前提下,对全书内容的组织与表达进行了条理性和理实一体化处理。本书以财务管理活动和财务管理工作为主线,用"华信公司"案例贯穿全书,采用项目导向、任务驱动的模式,在每个项目中又设立"头脑风暴""学中做"和"学中思"等栏目,结构新颖,体系完整。

三是引入数字化融媒体资源,注重内容的信息化。本书穿插有"微课堂"二维码链接栏目,主要是通过展示重、难点内容的微课辅助学习,激发读者的学习兴趣;每个项目后均附有项目测评,便于巩固与检测本项目所学内容,提高读者的动手能力。

四是贯彻产教融合、理实一体。本书由企业专家、财务管理人员和专任教师共同完成。本书的编写打破了以理论知识为核心、以财务管理方法为主线的内容体系,转向以企业财务管理活动和工作过程为主线、以实际工作项目为载体,将财务管理方法融入实际工作中,实

现理实一体。

　　本书由王建领、王美静、马承金担任主编；李佰领、邓慧芳、裴新语、万庆平、薛碧云担任副主编；肖涵担任主审。全书各项目编写分工如下：王建领、马承金编写前言和项目一；王美静编写项目二、项目三；李佰领编写项目四；李佰领和薛碧云共同编写项目五；邓慧芳编写项目六；邓慧芳和万庆平共同编写项目七；裴新语编写项目八；单晓宇、王增艳、殷宪成、李娅婷、王海涛等负责课件、教案编写，材料校审。王建领负责全书的总纂、修改并定稿，肖涵负责全书的审核。

　　本书在编写过程中，编写组多次走进企业，与专家座谈，注意吸收企业先进的财务管理方法，同时，参考了业内专家学者的教材、文章，借鉴了相关专家的观点，在此谨向各位专家和作者致以诚挚的谢意。

　　本书无论在内容上还是体例上，编写组都做了新的尝试和创新，花费了大量的时间和精力，力求做到精益求精，但由于编写时间仓促及作者水平所限，书中难免存在疏漏或不妥之处，恳请各位专家、同行和读者批评指正，以便后期再版时修订、完善。

编　者

目 录 CONTENTS

项目一　走近财务管理 ··· 1
　　任务一　理解财务管理内涵 ··· 3
　　任务二　分析财务管理目标 ··· 9

项目二　计算货币时间价值 ·· 15
　　任务一　单利的计算 ·· 17
　　任务二　复利的计算 ·· 20
　　任务三　年金终值的计算 ··· 24
　　任务四　年金现值的计算 ··· 30

项目三　筹资管理 ·· 39
　　任务一　走近筹资管理 ··· 41
　　任务二　资金需要量的预测 ··· 44
　　任务三　债务筹资管理 ··· 49
　　任务四　股权筹资管理 ··· 54
　　任务五　资本结构决策 ··· 59

项目四　营运资金管理 ·· 70
　　任务一　走近营运资金管理 ··· 72

任务二　现金管理 77
　　任务三　应收账款管理 84
　　任务四　存货管理 91
　　任务五　流动负债管理 96

项目五　项目投资管理 104
　　任务一　静态评价法下的项目投资决策 106
　　任务二　动态评价法下的项目投资决策 111

项目六　证券投资管理 121
　　任务一　走近证券投资 123
　　任务二　公司债券估价 127
　　任务三　股票估价 131

项目七　利润分配管理 138
　　任务一　走近利润分配管理 139
　　任务二　分析股利分配政策 143

项目八　财务分析 150
　　任务一　偿债能力分析 152
　　任务二　营运能力分析 159
　　任务三　盈利能力分析 165
　　任务四　发展能力分析 168

附录 177
　　附表一　复利终值系数表 177
　　附表二　复利现值系数表 179
　　附表三　年金终值系数表 181
　　附表四　年金现值系数表 183

参考文献 186

项目一

走近财务管理

项目描述

财务管理是企业管理的一个重要组成部分，它是根据财经法规制度，按照财务管理的原则，组织企业财务活动，处理财务关系的一项综合性经济管理工作。随着市场经济特别是资本市场的不断发展，财务管理在企业管理中的中心地位日益凸显。本项目主要介绍财务管理的概念内容、目标及环境等。

学习目标

知识目标

1. 理解财务管理的基本概念和内容；
2. 掌握财务管理的目标；
3. 了解财务管理的工作环节和财务管理环境。

能力目标

1. 能知晓企业财务活动和财务关系的内容；
2. 能分析企业财务管理目标的合理性；
3. 能判断环境的变化对财务管理的影响。

素质目标

1. 将社会责任和职业道德纳入财务管理目标，培养学生诚实守信、廉洁自律的职业道德；
2. 培养学生能够不断创新财务管理理念与方法的意识。

思维导图

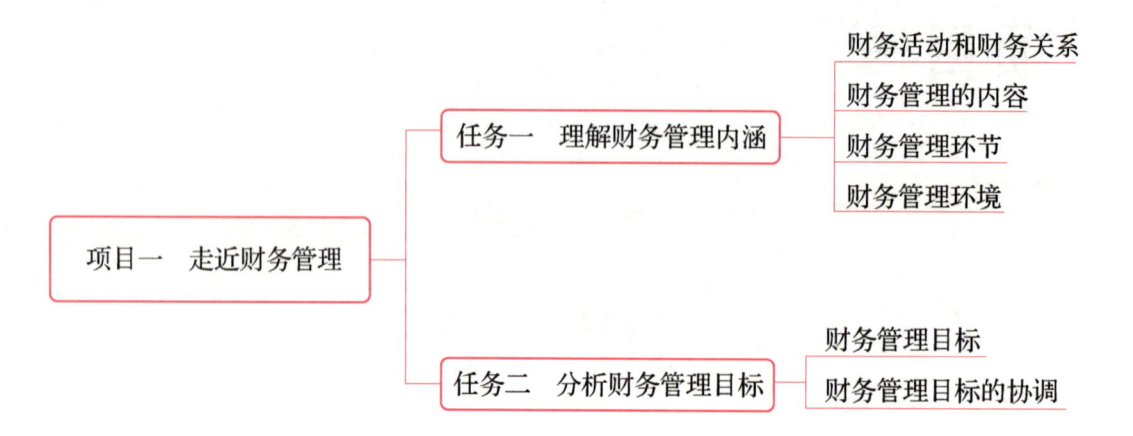

项目一　走近财务管理
- 任务一　理解财务管理内涵
  - 财务活动和财务关系
  - 财务管理的内容
  - 财务管理环节
  - 财务管理环境
- 任务二　分析财务管理目标
  - 财务管理目标
  - 财务管理目标的协调

项目导入

公司治理结构下财务管理目标的选择

在财务管理目标的选择上，我国企业应从自身的实际状况出发，借鉴国际企业的成功经验。我国企业大多是以董事会和监事会为主体，法人代表在企业中拥有最高权力。基于"股东至上"模式，英、美企业形成了"市场支配"模式，进行金融决策时会尽可能保障股东利益最大化。但我国的国情与之不同，以保障股东利益最大化为目标，不符合我国企业的实际状况。首先，目前我国上市企业数量不多，很多企业不能以股价进行交易。其次，我国股票市场还有很大的发展空间，处于相对弱势的阶段。最后，我国企业更注重保障员工的权益，以及社会资源的合理分配。在此背景下，"共同治理"模式可以使我国企业实现价值最大化，管理者的行为也能得到有效的监管，这才是我国企业财务管理的主要目标。值得注意的是，这一目标尚有缺陷。虽然我国企业与股东之间存在合同关系，但在"企业价值最大化"的基础上，各方扮演的角色是不同的，如果没有建立统一的准则，就会出现冲突，而且不会计入资金成本，对资产的测量和确认也会被忽视。同时，不同行业、不同类型的企业，以及同一企业在不同的发展阶段，其财务管理目标也应有所不同。

（文章来源：林维强，楼宇通．公司治理结构下财务管理目标的选择［J］．商业界，2023（2）．）

◇头脑风暴

财务管理的目标有哪些？如何理解文中提到的"企业价值最大化"财务管理目标？

任务一　理解财务管理内涵

一、任务布置

（一）任务场景

华信公司是一家在上海证券交易所上市的企业，近年来随着经营规模的扩大，公司拟设立专门的财务管理部门。之前华信公司的财务管理工作分散在各财务会计岗位，没有专门的机构和人员。成立专门的财务管理部门后，公司需要确定具体工作职责和岗位要求。

（二）任务清单

（1）公司财务管理的内容有哪些？
（2）公司财务管理机构的工作职责和岗位要求是什么？

二、知识准备

（一）财务活动和财务关系

1. 组织企业财务活动

企业的财务活动是指企业生产经营过程中的资金运动，而资金运动是企业从货币资金形态开始，依次转化为储备资金、生产资金、成品资金形态，最后又回到货币资金形态的过程。财务管理最主要的内容是组织企业财务活动，即对筹资活动、投资活动、经营活动和利润分配活动进行管理。企业资金运动如图1-1所示。

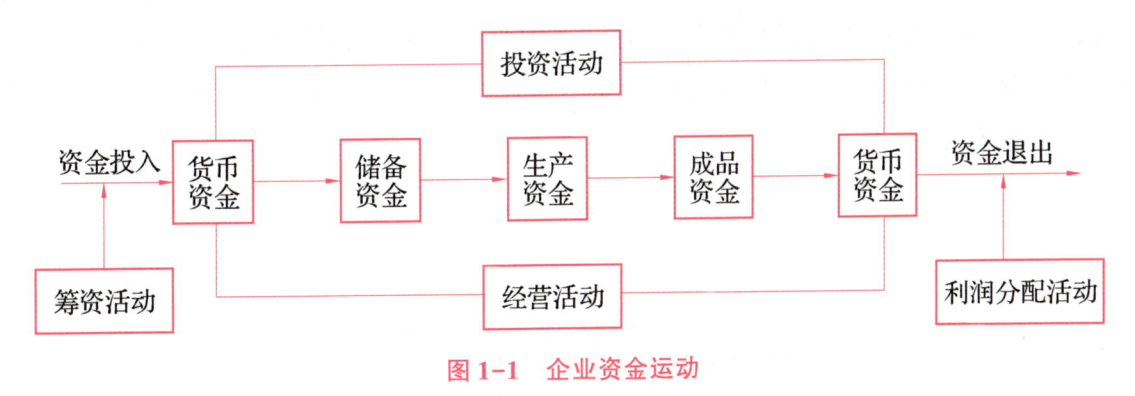

图1-1　企业资金运动

企业财务活动的内容如表1-1所示。

表 1-1　企业财务活动

财务活动	资金流入形式	资金流出形式
筹资活动	发行股票、发行债券、吸收直接投资	偿还借款、支付利息股利、支付筹资费用
投资活动	变卖其对内投资的各种资产、收回其对外投资	购置自身经营所需的固定资产、购置无形资产、购买证券
经营活动	出售产品、提供劳务	购买材料或商品、支付工资和其他费用
利润分配活动	经营过程中实现的利润、对外投资分得的收益	依法纳税、向投资者分配利润等

◇ 学中做

【1-1·单选题】下列关于筹资活动叙述不正确的是（　　）。

A. 企业支付股利和利息等筹资费用，是由筹资活动而引起的资金支出

B. 企业一旦从事生产经营活动，首先必须解决的是采用什么方式、在什么时间筹集多少资金的问题

C. 企业的筹资活动只导致资金的流入，不会产生资金的流出

D. 企业可以通过发行债券的方式筹集资金

【解答】答案为选项 C。企业的筹资活动不仅会导致资金的流入，也会导致资金的流出，比如筹资费用。

2. 处理企业财务关系

企业财务关系是指企业在组织财务活动过程中与各有关方面发生的经济关系。企业的筹资活动、投资活动、经营活动、利润分配活动与企业内部和外部的方方面面有着广泛的联系。企业的财务关系如图 1-2 所示。

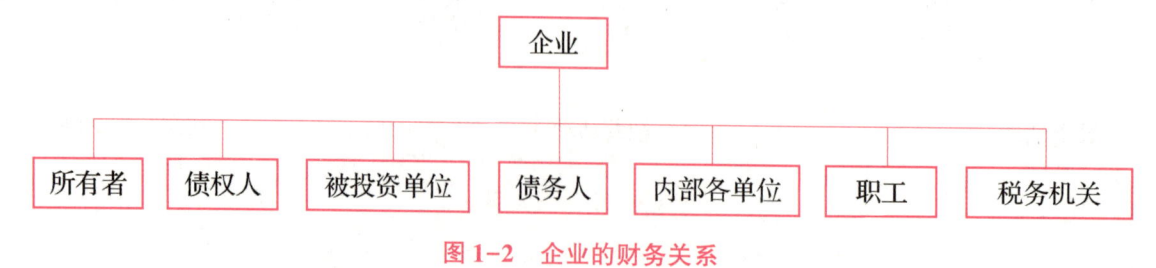

图 1-2　企业的财务关系

企业财务关系的形式和性质如表 1-2 所示。

表 1-2　企业财务关系的形式和性质

企业财务关系	企业财务关系的形式	企业财务关系的性质
企业与所有者	企业的所有者向企业投入资金、企业向其所有者支付投资报酬	经营权和所有权关系
企业与债权人	企业向债权人借入资金并按规定按时支付利息和归还本金	债务与债权关系
企业与被投资单位	以购买股票或直接投资的形式向其他企业投资	投资与受资关系
企业与债务人	以购买债券、提供借款或商业信用等形式出借资金	债权与债务关系
企业与内部各单位	企业内部各单位之间在生产经营各环节相互提供产品或劳务	内部计价结算关系
企业与职工	向职工支付劳动报酬	按劳分配关系
企业与税务机关	依法向税务机关缴纳税费	依法纳税和依法征税关系

（二）财务管理的内容

财务管理的内容是建立在财务活动基础上的，具体包括筹资管理、投资管理、营运资金管理与利润分配管理。财务管理的内容如表 1-3 所示。

表 1-3　财务管理的内容

项目	含义	举例
筹资管理	企业根据其生产经营、对外投资和调整资本结构的需要，有效筹集所需资金的管理活动	权益资金筹集、债务资金筹集
投资管理	企业为短期和长期发展所进行的增加资金总量、扩大经营规模的管理活动	对内：购入固定资产 对外：购入股票、债券
营运资金管理	企业对流动资产和流动负债进行的管理活动	现金管理、应收账款管理、存货管理
利润分配管理	企业将净利润在各分配对象中进行合理有效分配的管理活动	利益留存、分配利润

筹资管理是企业资金运动与财务活动的起点，是企业财务管理的首要环节，同时是企业投资的前提。投资管理是企业财务管理的关键环节，是企业管理的重要组成部分。

◇ **学中做**

【1-2·多选题】某公司20×2年8月发生的下列事项中,涉及财务管理主要内容的有( )。

A. 公开发行股票200万股
B. 向工商银行借入一笔长期借款20万元
C. 为扩大产能购入一条生产线
D. 高薪聘请一支科研团队

【解答】答案为选项ABC。其中,A和B是筹资活动,C是投资活动,D不属于财务管理的主要内容。

(三)财务管理环节

财务管理环节是指财务管理的工作步骤和一般工作程序,即财务管理工作的各个阶段。一般来说,企业财务管理包括财务预测、财务决策、财务预算、财务控制和财务分析与考核五个管理环节。财务管理环节如表1-4所示。

表1-4 财务管理环节

管理环节	定义
财务预测	根据财务活动的历史资料,考虑现实要求和条件,对企业未来的财务活动和财务成果做出科学的预计和测算
财务决策	在财务管理目标的总体要求下,采用专门的方法,从多个备选方案中筛选出最佳方案
财务预算	以财务预测提供的信息和财务决策确立的方案为依据,运用科学的技术手段和数学方法,对目标进行综合评价,制定主要计划指标,拟订增产节约的措施,协调各项计划指标
财务控制	在财务管理的过程中,利用有关信息和特定手段,对企业的财务活动加以影响或调节,以便实现财务预算所规定的目标
财务分析与考核	以核算资料为依据,运用特定的方法,对企业财务活动过程及其结果进行分析与评价;将报告期的实际数与规定的考核指标进行对比,确定有关单位与个人完成任务情况

五个管理环节构成了完整的财务管理工作体系,各环节之间相互配合、紧密联系。财务决策是财务管理的核心,财务预测是为财务决策服务的,财务预算是财务预测和财务决策的具体化,是组织和控制企业财务活动的依据。通过财务控制,可以确保财务预算任务的顺利完成。

◇ **学中做**

【1-3·多选题】以下关于财务管理环节说法正确的有( )。

A. 财务预测是财务决策的基础

B. 财务预算是财务预测和财务决策的具体化

C. 财务控制是企业实现其生产目标的重要保证

D. 五个财务管理环节互相配合，联系紧密

【解答】答案为选项ABCD。

(四) 财务管理环境

财务管理环境，或称理财环境，是指对企业财务活动和财务管理产生影响作用的企业内外各种条件的统称。环境构成了企业财务活动的客观条件。企业财务活动是在一定的环境下进行的，必然受到环境的影响。财务管理环境主要包括技术环境、经济环境、金融市场环境、法律环境等。

1. 技术环境

财务管理的技术环境，是指财务管理得以实现的技术手段和技术条件，它决定着财务管理的效率和效果。会计信息系统是财务管理技术环境中的一项重要内容。目前，我国财务管理所依据的会计信息是通过会计信息系统提供的，占企业经济信息总量的60%~70%。在企业内部，会计信息主要提供给管理层决策使用，而在企业外部，会计信息主要为企业投资者、债权人等提供服务。

◇ 学中思

【1-1】党的二十大报告提出："加快发展数字经济，促进数字经济和实体经济深度融合，打造具有国际竞争力的数字产业集群。"请思考：企业财务数字化转型工作应该如何进行？

2. 经济环境

经济环境内容十分广泛，包括经济体制、经济周期、经济发展水平、宏观经济政策及通货膨胀水平等。在影响财务管理的各种外部环境中，经济环境是最为重要的。

3. 金融市场环境

金融市场环境是指资金供应者和资金需求者双方通过一定的金融工具进行交易，进而融通资金的场所。金融市场环境与企业理财的关系是：金融市场环境是企业投资和筹资的场所，金融市场环境可为企业提供有价值的信息；企业通过金融市场环境使长、短期资金互相转化。

4. 法律环境

法律环境是指企业与外部发生经济关系时应遵守的有关法律、法规和规章制度，主要包括《中华人民共和国公司法》（以下简称《公司法》）、《中华人民共和国证券法》、《中华人民共和国民法典》、《企业财务通则》、《内部控制基本规范》、《管理会计指引》及税法等。法律既约束企业的非法经济行为，也为企业从事各种合法经济活动提供保护。

三、任务实施

财务管理人员需要理解企业财务管理和会计核算工作的不同之处，对财务管理的产生、发展以及各环节需要解决的问题和侧重点有系统的了解，从而明确企业财务管理的内容，一般应包括筹资管理、投资管理、营运资金管理和利润分配管理四个部分。

数字化时代财务工作由传统的核算向财务预测分析、财务决策支持等财务管理工作过渡，财务管理人员不但应具备丰富的财务管理经验，还要拥有娴熟的信息化技能。

四、任务评价

完成本任务后，请填写任务评价表，如表1-5所示。

表1-5 任务评价表

班级：　　　　　　　　　　姓名：　　　　　　　　　　日期：

考核项目		考核内容	分值	评分				
				学生自评 20%	学生互评 20%	教师评价 40%	导师评价 20%	小计
课前	知识预习	认真自学微课与课本，预习相关知识	10					
课中	知识掌握	知悉财务活动的内容和财务关系，掌握财务管理内容	30					
	能力培养	能判断企业财务关系，能分析企业经济业务是否属于财务管理的内容	30					
	素质提升	团队合作，诚实守信，遵守课堂纪律，学习积极主动	20					
课后	作业完成	完成老师布置的课后作业，巩固课中所学	10					
总评			100	—	—	—	—	

综合评价：1. 优秀（≥90分） 2. 良好（75~89分） 3. 及格（60~74分） 4. 不及格（<60分）

任务二　分析财务管理目标

一、任务布置

（一）任务场景

随着规模的不断扩大，华信公司的利润快速增长，股东开始在收益分配上产生了分歧。有的股东倾向于取得更多的分红，有的股东则倾向于将企业取得的利润用于扩大再生产，以提高企业的持续发展能力，实现长远利益的最大化。

（二）任务清单

你认为以上场景中股东的哪种意见能更好地实现股东财富最大化目标？

二、知识准备

（一）财务管理目标

财务管理目标是企业财务活动希望实现的最终目标，是企业经营目标在财务上的集中和概括，是企业一切财务活动的出发点和归宿。制定恰当的财务管理目标是现代企业财务管理成功的前提。企业应根据自身的实际情况和市场经济体制对财务管理的要求，科学合理地选择、确定财务管理的目标。

企业财务管理的目标有以下几种：

1. 利润最大化目标

利润最大化目标是指假定在投资预期收益确定的情况下，财务管理行为朝着有利于企业利润最大化的方向发展。

（1）利润最大化目标的优点。

①利润指标计算简单，易于理解；

②有利于企业资源的合理配置；

③有利于企业整体经济效益的提高。

（2）利润最大化目标的缺点。

①未考虑利润实现时间和资金时间价值；

②未考虑风险问题；

③未反映创造的利润与投入资本之间的关系；

④可能导致企业短期财务决策倾向，影响企业长远发展；

⑤会受到企业会计政策选择的影响。

> ◇ **学中思**
>
> 【1-2】抗击新冠疫情期间，许多爱心企业捐赠抗疫物资，众志成城共克时艰。请思考：企业的社会责任有哪些？企业履行社会责任与实现利润最大化目标是否冲突？

2. 股东财富最大化目标

股东财富最大化目标是指企业的财务管理以股东财富最大化作为目标。在上市公司中，股东财富取决于其所拥有的股票数量和股票市场价格两方面。

（1）股东财富最大化目标的优点。

①考虑了现金流量的时间价值和风险因素；

②在一定程度上能够克服企业在追求利润方面的短期行为；

③对上市公司而言，股东财富最大化目标比较容易衡量，便于考核和奖惩。

（2）股东财富最大化目标的缺点。

①通常只适用于上市公司，非上市公司难以应用；

②股价受众多因素影响，特别是企业外部的因素，有些还可能是非正常因素；

③它强调更多的是股东利益，而对其他相关者的利益重视不够。

3. 企业价值最大化目标

企业价值即企业的市场价值，是指企业所能创造的预计未来现金流量的现值。企业价值最大化目标即企业的财务管理以企业价值最大化作为目标。

（1）企业价值最大化目标的优点。

①考虑了资金的时间价值和投资的风险；

②反映了企业对资产保值增值的要求；

③有利于克服管理上的片面性和短期行为；

④有利于社会资源合理配置。

（2）企业价值最大化目标的缺点。

①过于理论化，不易操作；

②非上市公司难以应用。

在这些企业财务管理目标中，企业价值最大化目标被认为是最为合理的。

> ◇ **学中做**
>
> 【1-4·单选题】关于企业价值最大化目标说法正确的是（　　）。
>
> A. 未考虑货币时间价值和投资的风险

B. 不能反映企业对资产保值增值的要求

C. 很难确定企业价值

D. 非上市公司也可以应用

【解答】答案为选项 C。

（二）财务管理目标的协调

企业财务管理的目标实质上是所有者（股东）的目标，但企业其他利益相关者的利益也要充分考虑。

1. 所有者与经营者的冲突与协调

（1）冲突表现。

现代公司制企业的所有者一般不直接参与企业的经营管理，所有权与经营权的分离，形成了所有者与经营者之间的委托代理关系。所有者是委托人，经营者是代理人，所有者将资金投向企业，委托经营者进行管理，并希望其投资能够保值增值。从理论上讲，作为代理人的经营者应按照所有者的最大利益行事。但在现实中，经营者可能更关心个人财富的增长、职位的稳定以及在职消费等个人利益，表现为道德风险和逆向选择。

（2）协调措施。

解决所有者与经营者之间的矛盾冲突是企业实现价值最大化目标的前提条件，必须通过企业内外部合理的约束和激励机制来促使所有者和经营者为了共同的利益而努力，主要协调措施有激励、监督、接收和解聘。

2. 所有者与债权人之间的冲突与协调

（1）冲突表现。

当公司向债权人借入资金后，两者形成一种委托代理关系。债权人把资金借给公司，要求获取利息收入并到期收回本金；而所有者（股东）为实现企业价值最大化的目标，在实际操作上可能通过经营者做出违背债权人利益的事情，表现为：所有者不经债权人同意，投资于比债权人预期风险更高的项目；为了提高公司利润，在没有征得债权人同意的情况下，让公司发行新债券，致使旧债券的价值下降，使旧债券的债权人蒙受损失。

（2）协调措施。

债权人除寻求立法保护外，还可以加入限制性条款，如限制资金的投向、限制公司发放新债、限制公司在现金不足时发放现金股利、不再提供新借款或提前收回借款等。

3. 所有者与其他利益相关者的冲突与协调

（1）冲突表现。

公司的其他利益相关者可以分为两大类：一类是合同利益相关者，包括主要客户、供应商和员工，他们和企业之间存在法律关系，受到合同的约束；另一类是非合同利益相关者，

包括一般消费者、社区居民及其他与公司有间接利益关系的群体。

所有者和合同利益相关者之间既有共同利益，也有利益冲突。所有者可能为自己的利益损害合同利益相关者，合同利益相关者也可能损害股东的利益。对于非合同利益相关者，法律关注得较少。

（2）协调措施。

对于合同利益相关者，要通过立法调节他们之间的关系，保障双方的合法权益。一般来说，公司只要遵守合同就可以基本满足合同利益相关者的要求，在此基础上股东追求自身利益最大化也会有利于合同利益相关者。当然仅有法律的约束是不够的，还需要道德规范的约束，以缓和双方矛盾。对于非合同利益相关者，由于法律关注少，公司的社会责任政策对其影响很大。

三、任务实施

通过本任务的学习，可以看出股东坚持企业长远发展的做法更能实现股东财富最大化的财务管理目标。股东财富最大化不是指股东分到手的股利最大化，而是关注企业的长远发展。

四、任务评价

完成本任务后，请填写任务评价表，如表 1-6 所示。

表 1-6　任务评价表

班级：　　　　　　　　　　姓名：　　　　　　　　　　日期：

考核项目		考核内容	分值	评分				小计
				学生自评 20%	学生互评 20%	教师评价 40%	导师评价 20%	
课前	知识预习	认真自学微课与课本，预习相关知识	10					
课中	知识掌握	知悉各财务管理目标的内涵，掌握各自优缺点	30					
	能力培养	能合理选择企业财务管理的目标并协调不同利益主体的关系	30					
	素质提升	团队合作，诚实守信，遵守课堂纪律，学习积极主动	20					

续表

考核项目		考核内容	分值	评分				小计
				学生自评 20%	学生互评 20%	教师评价 40%	导师评价 20%	
课后	作业完成	完成老师布置的课后作业，巩固课中所学	10					
总评			100	—	—	—	—	

综合评价：1. 优秀（≥90分） 2. 良好（75~89分） 3. 及格（60~74分） 4. 不及格（<60分）

项目测评

一、单项选择题

1. 下列财务活动属于企业筹资活动的是（　　）。
   A. 购置无形资产　　　　　　　　　　B. 支付利息股利
   C. 支付职工薪酬　　　　　　　　　　D. 向投资者分配股利

2. 企业与所有者之间的财务关系，体现了（　　）。
   A. 经营权和所有权关系　　　　　　　B. 投资与受资关系
   C. 债权与债务关系　　　　　　　　　D. 利润分配关系

3. 企业对流动资产和流动负债进行的管理活动，属于（　　）。
   A. 投资管理　　　　　　　　　　　　B. 营运资金管理
   C. 筹资管理　　　　　　　　　　　　D. 利润分配管理

4. 以利润最大化作为财务管理目标，其优点是（　　）。
   A. 考虑利润实现时间和资金时间价值
   B. 考虑了投资风险
   C. 有利于克服企业短期财务决策倾向
   D. 利润指标计算简单，易于理解

5. 解决所有者与经营者之间的矛盾冲突，必须通过企业内外部合理的约束和激励机制来促使所有者和经营者为了共同的利益而努力，主要协调措施有（　　）。
   A. 激励、监督、接收和债权人限制公司发放新债
   B. 对于合同利益相关者，要通过立法调节他们之间的关系，保障双方的合法权益
   C. 激励、监督、接收和债权人限制公司在现金不足时发放现金股利
   D. 激励、监督、接收和解聘

二、多项选择题

1. 财务管理最主要的内容是组织财务活动，即对（　　）进行管理。
   A. 筹资活动　　　　　B. 投资活动　　　　　C. 经营活动　　　　　D. 分配活动
2. 下列财务活动属于企业投资活动的有（　　）。
   A. 支付利息股利　　　　　　　　　　　　B. 购买材料或商品
   C. 购置自身经营所需的固定资产　　　　　D. 购买各种证券
3. 企业财务管理包括（　　）和财务分析与考核五个环节。
   A. 财务预测　　　　　B. 财务预算　　　　　C. 财务控制　　　　　D. 财务决策
4. 与利润最大化目标相比，股东财富最大化目标的优点有（　　）。
   A. 考虑了现金流量的时间价值和风险因素
   B. 在一定程度上能够克服企业在追求利润方面的短期行为
   C. 有利于企业资源的合理配置
   D. 既强调更多的股东利益，也对其他相关者的利益予以充分重视
5. 公司制企业可能存在经营者和股东之间的利益冲突，解决这一冲突的方式有（　　）。
   A. 解聘　　　　　B. 接收　　　　　C. 收回借款　　　　　D. 激励

三、判断题

1. 缴纳税费属于企业经营活动。（　　）
2. 企业与债权人之间属于企业经营权和所有权之间的财务关系。（　　）
3. 企业价值最大化强调企业所有者的利益最大化，与企业的经营者没有利益关系。（　　）
4. 在协调所有者与经营者矛盾的方法中，解聘是通过所有者约束经营者的方式。（　　）
5. 财务管理是企业组织财务活动、处理财务关系的一项经济管理工作。（　　）

四、思考题

1. 你认为财务管理在企业管理中处于何种地位？
2. 信息技术是如何影响企业财务管理的？你认为传统财务管理应该如何应对这种挑战？
3. 股东财富最大化这一财务管理目标的优缺点是什么？
4. 结合实际情况，说一说为何利润最大化不适合作为企业的财务管理目标。
5. "所有者与债权人之间冲突的表现之一：所有者不经债权人同意，投资于比债权人预期风险更高的项目。"谈一谈你对这句话的理解。

项目二

计算货币时间价值

项目描述

货币的时间价值和风险报酬是财务管理的两大基石，是财务管理中不可忽视的基本因素。任何企业的财务活动，离开了货币的时间价值因素，都无法正确计算不同时期的财务收支，也无法正确评价企业盈亏。时间价值原理，正确地揭示了不同时点上资金之间的换算关系，是财务决策的基本依据。

学习目标

知识目标

1. 了解货币时间价值；
2. 掌握单利、复利的终值与现值的计算；
3. 掌握普通年金终值与现值及偿债基金、资本回收额的计算；
4. 理解预付年金、递延年金和永续年金的计算。

能力目标

1. 能识别支出、收入项目适用的货币时间价值计算模式；
2. 能正确计算单利、复利的终值与现值；
3. 能正确计算普通年金终值与现值及偿债基金、资本回收额。

素质目标

1. 使学生认识到财富增值的重要性，培养学生的理财意识；

2. 提升学生对理财产品、借贷产品的辨识力,培养学生的风险意识。

思维导图

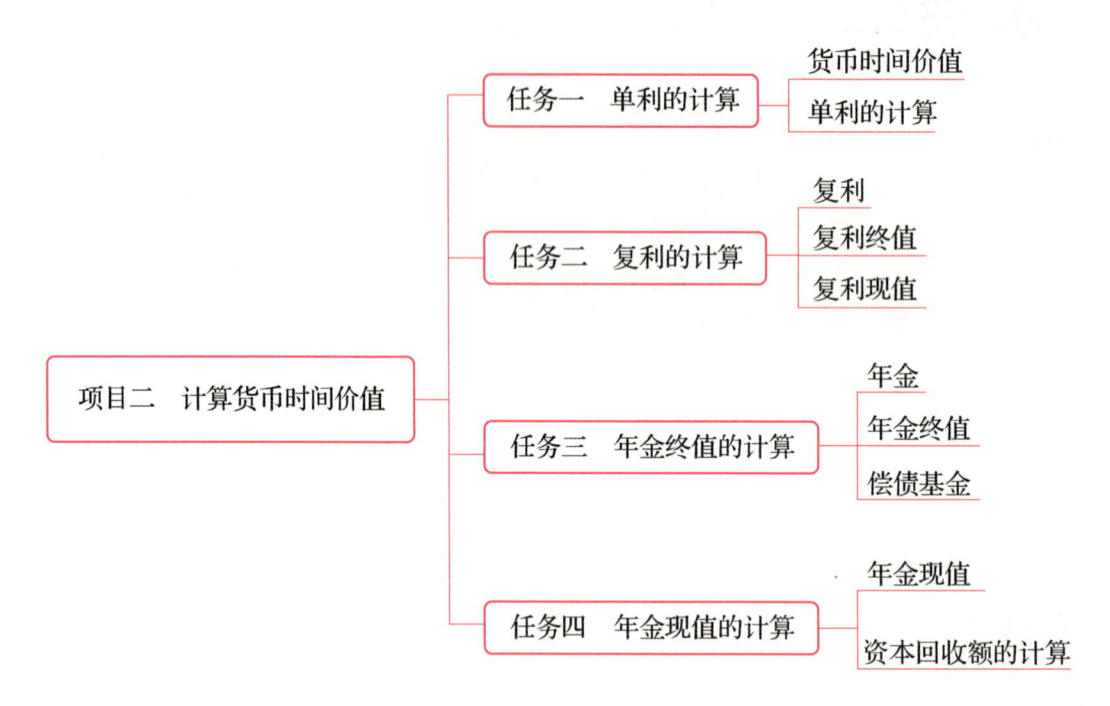

```
项目二  计算货币时间价值
├── 任务一  单利的计算
│   ├── 货币时间价值
│   └── 单利的计算
├── 任务二  复利的计算
│   ├── 复利
│   ├── 复利终值
│   └── 复利现值
├── 任务三  年金终值的计算
│   ├── 年金
│   ├── 年金终值
│   └── 偿债基金
└── 任务四  年金现值的计算
    ├── 年金现值
    └── 资本回收额的计算
```

项目导入

控制利差损风险　3.5%复利终身寿险或停售

目前,市场上常见的增额终身寿险产品通常采取期交模式,保费可分三年或五年交满。从第二个保单年度起,各保单年度的保险金额按基本保险金额的3.5%以年复利形式增加。

"3.5%的复利利率是写入合同的,不管未来市场利率如何变化,利率都不会变,基本上第五年就开始产生收益,适合长期投资,防范利率下行趋势。"招商银行北京西城区理财经理周南说。此外,他还表示,增额终身寿险与普通终身寿险的不同之处在于,保单的保险金额会随时间持续递增,持有时间越长,现金价值会越来越高。若投保人在投保期间发生意外,有相应的身故、全残保险金赔付。从理财经理提供的测算示例可看出,终身寿险产品与普通存款产品有较大差别,若投保人在5年内退保,那么保单的现金价值将受到较大折损。例如,第一年交纳保费100万元,若在该年度选择退保,则仅能退回21万元。但若长期持有,在"增额"与"复利"的加持下,该产品年化利率较为可观。

业内人士认为,保险公司及银行等代销渠道的工作人员,在营销产品时应回归"保险姓保"的本质属性,不应夸大此类产品的理财和储蓄功能,以免误导消费者。而消费者在购买此类金融产品时,应根据家庭资产状况、风险承受能力等具体情况合理配置,不应盲目跟风。

(文章来源:中国证券报,2023-04-28.)

◇ 头脑风暴

你了解"复利"吗？文中提到的寿险保单现金价值该如何计算？

任务一　单利的计算

一、任务布置

（一）任务场景

20×2年11月1日，华信公司拟存入建设银行一笔定期存款，存款方式为二年期、整存整取，建设银行当期的单位存款挂牌利率表如表2-1所示。

表2-1　建设银行当期的单位存款挂牌利率表

项目	年利率/%
一、单位存款	—
（一）活期	0.25
（二）定期	—
整存整取	—
三个月	1.25
六个月	1.45
一年	1.65
二年	2.15
三年	2.60
五年	2.65

（二）任务清单

（1）若现在存入20 000元，存款到期后的本利和是多少？

（2）若到期后把本息取出用于购买一台30 000元的机床设备，现在至少需要存入多少钱？

二、知识准备

（一）货币时间价值

货币时间价值是在没有风险和通货膨胀的情况下，货币经历一定时间的投资和再投资所

增加的价值。在商品经济条件下，即使不存在风险和通货膨胀，现在的1元也比一年后的1元经济价值要大。

◇ 学中思

【2-1】"现在的一元比将来的一元更值钱"，请思考：如何从财务管理和经济学的角度理解这句话？

货币时间价值并不仅仅是因为时间的推移而产生的。试想，把1元放在存钱罐里不用，会发生增值吗？并不会。随着时间的推移，货币在周转使用中发生了增值，才会产生货币的时间价值。

货币在周转使用中为什么会发生增值？其原因在于资金使用者把货币投入生产经营以后，劳动者利用劳动资料对劳动对象进行加工，生产出新的产品，在产品出售时所收到的货币数量大于最初投入的货币数量，从而实现了货币的增值。周转使用时间越长，所得利润就越多，实现的增值额就越大。所以，货币时间价值的实质，是货币周转使用后的增值额。

货币时间价值可以用绝对数表示，也可以用相对数表示。所谓用绝对数表示就是指用货币在周转过程中的增加额来表示；用相对数表示是指用增加额占投入货币的百分数表示。实务中人们习惯用相对数表示货币时间价值，例如，利率或投资报酬率。

正是因为存在货币时间价值，不同时点的货币价值不同，所以不同时间的货币收入或支出不能直接进行比较，要把它们换算到相同时点上才能进行比较。

（二）单利的计算

单利是仅对本金计算利息，所产生的利息不加入本金重复计算利息的方法。这通常是银行储蓄存款所采用的计息方法，财务管理中计算货币时间价值时很少采用单利计息。

在计算单利时经常使用的符号及其含义为：

P——现值，是指未来某一时点上的一定量现金折算到现在的价值，俗称"本金"；

F——终值，是指现在一定量现金在未来某一时点上的价值，又称本利和；

i——利率，一般是年利率；

I——利息；

n——计息期数，一般以年为单位。

单利利息的计算公式为：

$$I = P \times i \times n$$

单利终值的计算公式为：

$$F = P + I = P + P \times i \times n = P \times (1 + i \times n)$$

◇学中做

【2-1】 某人将一笔 5 000 元的现金存入银行，假定银行一年期定期利率为 3%。

要求：计算一年到期后的终值、利息。

【解答】

一年到期后的终值 $F = 5\,000 \times (1+3\%) = 5\,150$（元）

一年到期后的利息 $I = 5\,000 \times 3\% = 150$（元）

单利现值的计算公式为：

$$P = \frac{F}{1+i \times n}$$

◇学中做

【2-2】 期初存入银行 1 000 元，每年单利计息一次，5 年后可得本利和 1 300 元。

要求：计算年利率。

【解答】

根据单利现值计算公式列式：

$$1\,000 = \frac{1\,300}{1+i \times 5}$$

可求出年利率为 6%。

三、任务实施

任务清单中的第一个任务实际上就是求单利终值，第二个任务是求单利现值，任务信息如表 2-2 所示。

表 2-2 任务信息

任务	现值 P/元	利率 i/%	期限 n/年	终值 F/元
1	20 000	2.15	2	?
2	?	2.15	2	30 000

（1）若现在存入 20 000 元，存款到期后的本利和：

$F = P + I = 20\,000 + 20\,000 \times 2.15\% \times 2 = 20\,000 + 860 = 20\,860$（元）

（2）若到期后想把本息取出用于购买一台 30 000 元的机床设备，现在至少需要存入：

$$P = \frac{F}{1+i \times n} = \frac{30\,000}{1+2.15\% \times 2} = \frac{30\,000}{1.043} = 28\,763.18\,（元）$$

注：本书中的计算结果均四舍五入后保留两位小数。

四、任务评价

完成本任务后,请填写任务评价表,如表2-3所示。

表2-3 任务评价表

班级:　　　　　　　　姓名:　　　　　　　　日期:

考核项目		考核内容	分值	评分				小计
				学生自评 20%	学生互评 20%	教师评价 40%	导师评价 20%	
课前	知识预习	认真自学微课与课本,预习相关知识	10					
课中	知识掌握	了解货币时间价值,掌握单利计算公式	30					
	能力培养	能运用公式计算单利终值和单利现值	30					
	素质提升	树立科学的理财意识,增强风险意识,遵守课堂纪律,学习积极主动	20					
课后	作业完成	完成老师布置的课后作业,巩固课中所学	10					
总评			100	—	—	—	—	

综合评价:1. 优秀(≥90分) 2. 良好(75~89分) 3. 及格(60~74分) 4. 不及格(<60分)

任务二　复利的计算

一、任务布置

(一)任务场景

20×2年12月31日,华信公司存入建设银行100 000元,按复利计算利息,年利率为5%,现金存款凭条如图2-1所示。

中国建设银行现金存款凭条

20×2年12月31日

	全称	华信公司			款项来源	存款
收款人	账号	11018888222211110066			交款人	华信公司
	开户行	中国建设银行济宁任城支行				

金额大写（人民币）	壹拾万元整	百 十 万 千 百 十 元 角 分
		¥ 1 0 0 0 0 0 0 0

票面	张数	金额	票面	张数	金额
100元	1000	100000	5角		
50元			2角		
20元			1角		
10元			5分		
5元			2分		
2元			1分		
1元					

此联由银行盖章后退回单位　　　　　　　　　　　　第一联　回单联

中国建设银行 任城支行 20X2.12.31 收讫 [16]

图2-1　现金存款凭条

（二）任务清单

（1）计算3年后可以一次性取出多少款项？

（2）若4年后想把本息取出用于购入价值150 000元的加工设备，现在至少需要存入多少钱？

二、知识准备

（一）复利

复利是指在一定时间内按一定利率将本金所生利息加入本金再计算利息，即通常所说的"利滚利"。尽管实务中的存贷款利率大多使用单利形式，但是在财务管理理论中，一般假定以复利计息。如果未注明计息方式，则按复利计算。

单利和复利的计算

◇ **学中思**

【2-3】相传，古代印度国王舍罕要褒赏聪明能干的宰相达依尔（国际象棋发明者），就问他需要什么？达依尔说："国王只要在国际象棋的棋盘第一个格子里放一粒麦子，第二个格子里放两粒，第三个格子里放四粒，以后按此比例每一格加一倍，一直放到第六十四格，我就感恩不尽。"国王想："这有多少！还不容易！"然而，国王最终发现，达依尔索要的麦粒数目实际上是天文数字，总数是一个二十位数，折算质量上千亿吨，即使现代，全球小麦的年产量也不过是数亿吨。这就是著名的故事"棋盘上的麦粒"。请思考：这个故事中蕴含了什么计算原理？

（二）复利终值

复利终值是指现在投入的一笔资金按照复利计算一定时期后的本利和，用 F 表示。

复利终值的计算公式为：

$$F = P \times (1+i)^n = P \times (F/P, i, n)$$

其中，$(1+i)^n$ 被称为复利终值系数，用符号 $(F/P, i, n)$ 表示。在实际工作中，复利终值系数可以通过查阅"复利终值系数表"（见附表一）得出数值。

"复利终值系数表"中第一行是利率 i，第一列是计息期数 n，相应的 $(1+i)^n$ 在其纵横相交处。该表可用来查找复利终值系数，也可以用来查找利率 i 和计息期数 n。

◇学中做

【2-2】某人将一笔 5 000 元的现金存入银行，按复利计算，银行年利率为 3%。

要求：计算三年后的终值、利息。

【解答】

三年后的终值 $F = 5\,000 \times (F/P, 3\%, 3) = 5\,000 \times 1.092\,7 = 5\,463.5$（元）

三年后的利息 $I = F - P = 5\,463.5 - 5\,000 = 463.5$（元）

（三）复利现值

复利现值是指以后年份的资金按照复利折算到现在的资金价值，用 P 表示。它是复利终值的对称概念，其计算与复利终值的计算互为逆运算。

复利现值的计算公式为：

$$P = \frac{F}{(1+i)^n} = F \times (1+i)^{-n} = F \times (P/F, i, n)$$

其中，$(1+i)^{-n}$ 被称为复利现值系数，用符号 $(P/F, i, n)$ 表示。在实际工作中，复利现值系数可以通过查阅"复利现值系数表"（见附表二）得出数值。计算复利现值使用的利率 i 也称为折现率，是财务管理中一个极为重要的概念。

◇学中做

【2-3】某人 5 年后需用现金 40 000 元，按复利计息，在年利率为 6% 的情况下，此人现在应存入银行多少元？

【解答】

现在应存入银行的资金为：

$$P = 40\,000 \times (P/F, 6\%, 5) = 40\,000 \times 0.747\,3 = 29\,892（元）$$

复利终值和复利现值的关系如表 2-4 所示。

表 2-4　复利终值和复利现值的关系

项目	符号/公式	关系
复利终值系数	$(F/P, i, n)$	互为倒数
复利现值系数	$(P/F, i, n)$	
复利终值 F（已知 P，求 F）	$F=P\times(F/P, i, n)$	互为逆运算
复利现值 P（已知 F，求 P）	$P=F\times(P/F, i, n)$	

三、任务实施

任务清单中的第一个任务实际上就是求复利终值，第二个任务是求复利现值，任务信息如表 2-5 所示。

表 2-5　任务信息

任务	现值 P/元	利率 i/%	期限 n/年	终值 F/元
1	100 000	5	3	?
2	?	5	4	150 000

（1）3 年后可以一次性取出的款项：

$F=100\ 000\times(F/P, i, n)=100\ 000\times(F/P, 5\%, 3)=100\ 000\times1.157\ 6=115\ 760$（元）

（2）若 4 年后想把本息取出用于购入价值 150 000 元的加工设备，现在至少需要存入：

$P=150\ 000\times(P/F, 5\%, 4)=150\ 000\times0.822\ 7=123\ 405$（元）

四、任务评价

完成本任务后，请填写任务评价表，如表 2-6 所示。

表 2-6　任务评价表

班级：　　　　　　　　　　　姓名：　　　　　　　　　　　日期：

考核项目		考核内容	分值	评分				小计
				学生自评 20%	学生互评 20%	教师评价 40%	导师评价 20%	
课前	知识预习	认真自学微课与课本，预习相关知识	10					

续表

考核项目		考核内容	分值	评分				小计
				学生自评 20%	学生互评 20%	教师评价 40%	导师评价 20%	
课中	知识掌握	知晓复利的概念，掌握复利终值和复利现值的计算公式	30					
	能力培养	能够查阅复利终值、现值系数表，能运用公式计算复利终值和复利现值	30					
	素质提升	树立科学的理财意识，增强风险意识，遵守课堂纪律，学习积极主动	20					
课后	作业完成	完成老师布置的课后作业，巩固课中所学	10					
		总评	100	—	—	—	—	

综合评价：1. 优秀（≥90分） 2. 良好（75~89分） 3. 及格（60~74分） 4. 不及格（<60分）

任务三　年金终值的计算

一、任务布置

（一）任务场景

自20×2年起，华信公司计划将每年12月31日从投资的正德股份有限公司收到的50 000元股利存入银行，4年后用于产品研发。假设银行存款年利率为3%，按照复利计息。

20×2年12月31日银行进账单，如图2-2所示，其余年度进账单省略。

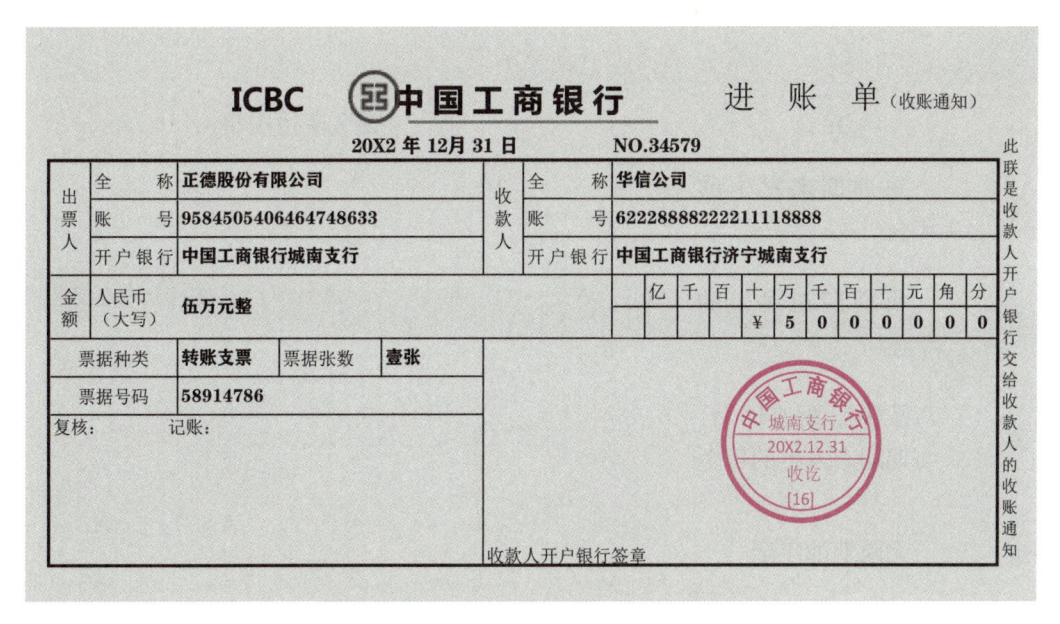

图 2-2　20×2 年 12 月 31 日银行进账单

（二）任务清单

（1）4 年后华信公司可取出多少款项？

（2）若 4 年后需要取出 300 000 元用于产品研发，那么从现在起每年 12 月 31 日至少需要存入多少款项？

二、知识准备

（一）年金

年金，指每隔一定相等的时期，收到或支付相等金额的款项。其特点是金额相等、时间间隔相等，用 A 表示。年金是企业常见的一种款项收付形式，如分期付款、分期偿还贷款、支付租金等。

认识年金

> ◇ 学中思
>
> 【2-4】党的二十大报告指出，健全覆盖全面、统筹城乡、公平统一、安全规范、可持续的多层次社会保障体系。在人口老龄化大背景下，"老有所养"成为社会保障体系建设中的"大题目"。针对养老保险，党的二十大报告还指出，要"完善基本养老保险全国统筹制度，发展多层次、多支柱养老保险体系"。请思考：国家为何要建立多层次的社会保障体系并强调养老保险体系？这对青年人的意义何在？

年金一般包括普通年金（后付年金）、预付年金（先付年金）、递延年金（延期年金）和永续年金四种形式，所有年金的计算都是以复利计息。年金的四种形式如表 2-7 所示。

表 2-7 年金的四种形式

形式	定义	现金流量图举例
普通年金	每期期末发生的年金	A A A A A 0 1 2 3 4 5
预付年金	每期期初发生的年金	A A A A A 0 1 2 3 4 5
递延年金	从第二期或以后，每期期末发生的年金	A A A A 0 1 2 3 4 5
永续年金	无限期的年金	A A A A A 0 1 2 3 4 n

（二）年金终值（已知年金，求终值）

1. 普通年金终值

普通年金终值犹如零存整取的本利和，是指一定时期内每期期末等额收付款项的复利终值之和，用 F_A 表示。

普通年金终值的计算公式为：

$$F_A = A \times \frac{(1+i)^n - 1}{i} = A \times (F/A, i, n)$$

其中，$\frac{(1+i)^n - 1}{i}$ 称为年金终值系数，通常用 $(F/A, i, n)$ 表示。为了得出数值，在实际工作中年金终值系数可查阅"年金终值系数表"（见附表三）。

普通年金终值与现值的计算

◇ **学中做**

【2-4】某家长计划从现在开始，每年年末存入银行 10 000 元，10 年后一次性取出作为孩子的教育费用，共计存款 10 次。假设银行存款年利率为 5%，按复利计息。

要求：计算 10 年后可一次性取出多少钱。

【解答】

10 年后可一次性取出的资金数额为：

$$F_A = 10\,000 \times (F/A, 5\%, 10) = 10\,000 \times 12.578 = 125\,780 \text{（元）}$$

2. 预付年金终值

相同期间的预付年金与普通年金款项收付的次数相同，区别仅在于款项收付的时间不同。由于普通年金是最常用的，年金终值系数表是根据普通年金进行编制的。为了方便查表和计算，预付年金终值的计算公式是在普通年金终值公式的基础上进行推导得出。预付年金

终值的计算公式有两种，如表 2-8 所示。

表 2-8 预付年金终值的计算公式

预付年金终值计算公式	与普通年金终值（系数）的关系
$F_A = A \times (F/A, i, n) \times (1+i)$	预付年金终值＝普通年金终值×(1+i)
$F_A = A \times [(F/A, i, n+1) - 1]$	预付年金终值＝A×预付年金终值系数 预付年金终值系数：期数+1，系数-1

◇ 学中做

【2-5】某家长计划从现在开始，每年年初存入银行 10 000 元，10 年后一次性取出作为孩子的教育费用，共计存款 10 次。假设银行存款年利率为 5%，按复利计息。

要求：计算 10 年后可一次性取出多少钱。

【解答】

10 年后可一次性取出的资金数额为：

$F_A = 10\,000 \times (F/A, 5\%, 10) \times (1+5\%) = 10\,000 \times 12.578 \times 1.05 = 132\,069$（元）

或者：

$F_A = 10\,000 \times [(F/A, 5\%, 11) - 1] = 10\,000 \times (14.207 - 1) = 132\,070$（元）

注：两种公式求出的结果略有差异是因为题中年金终值系数仅精确到小数点后三位。

3. 递延年金终值

假定期初 m 期没有收付款项，之后的 n 期每年年末有等额收付，那么期初的 m 期称为递延期，后面的 n 期可以看作普通年金。递延期没有款项收付，终值为零，所以递延年金的终值与普通年金相同，只需考虑有款项收付的 n 期年金的终值，其计算公式为：

$$F_A = A \times (F/A, i, n)$$

◇ 学中做

【2-6】某公司投资一个项目，从第三年开始连续 5 年可在每年年末收到投资收益 20 万元并存入银行，年利率为 5%。

要求：计算项目终止时一共可取出多少钱。

【解答】

项目终止时可取出的资金数额为：

$F_A = 200\,000 \times (F/A, 5\%, 5) = 200\,000 \times 5.525\,6 = 1\,105\,120$（元）

4. 永续年金终值

永续年金是期限无穷的年金，终值为无穷大，所以永续年金没有终值。

（三）偿债基金（已知终值，求年金）

偿债基金是指为使年金终值达到既定金额，每期期末应收付的年金数额。在实务中通常表现为在已知普通年金终值 F_A 的情况下计算年金 A。

由普通年金终值的计算公式可以推导出偿债基金的计算公式：

$$A = \frac{F_A}{(F/A, i, n)} = F_A \times (A/F, i, n)$$

式中，$\frac{1}{(F/A, i, n)}$ 称为偿债基金系数，通常用符号 $(A/F, i, n)$ 表示。

> ◆**学中做**
>
> 【2-7】某家长计划4年后一次性取出20万元，作为孩子的出国费用。假设银行存款年利率为5%，按复利计息，该家长计划1年后开始存款，每年年末存一次，每次存款数额相同，共计存款4次。
>
> 要求：计算每次应存入的金额。
>
> 【解答】
>
> 每次应存入金额：
>
> $$A = \frac{200\,000}{(F/A, 5\%, 4)} = \frac{200\,000}{4.310\,1} = 46\,402.64 \text{（元）}$$

普通年金终值和偿债基金的关系如表2-9所示。

表2-9 普通年金终值和偿债基金的关系

项目	符号/公式	关系
普通年金终值系数	$(F/A, i, n)$	互为倒数
偿债基金系数	$(A/F, i, n)$	
普通年金终值 F_A（已知 A，求 F_A）	$F_A = A \times (F/A, i, n)$	互为逆运算
偿债基金 A（已知 F_A，求 A）	$A = \dfrac{F_A}{(F/A, i, n)}$	

三、任务实施

任务场景中华信公司连续4年在年末存入银行50 000元，这是普通年金的形式。任务清单中的第一个任务实际上就是求普通年金终值 F_A，第二个任务是求偿债基金 A（年金）。任务信息如表2-10所示。

表 2-10 任务信息

任务	年金 A/元	利率 i/%	期限 n/年	终值 F_A/元
1	50 000	3	4	?
2	?	3	4	300 000

（1）4年后华信公司可取出：

$$F_A = 50\ 000 \times (F/A, 3\%, 4) = 50\ 000 \times 4.183\ 6 = 209\ 180（元）$$

即4年后华信公司可取出209 180元。

（2）若4年后需要取出300 000元用于产品研发，那么从现在起每年12月31日至少需要存入：

$$A = \frac{300\ 000}{(F/A, 3\%, 4)} = \frac{300\ 000}{4.183\ 6} = 71\ 708.58（元）$$

若4年后需要取出300 000元用于产品研发，那么从现在起每年12月31日至少需要存入71 708.58元。

四、任务评价

完成本任务后，请填写任务评价表，如表2-11所示。

表 2-11 任务评价表

班级：　　　　　　　　　　　姓名：　　　　　　　　　　　　　　　　　日期：

考核项目		考核内容	分值	评分				小计
				学生自评 20%	学生互评 20%	教师评价 40%	导师评价 20%	
课前	知识预习	认真自学微课与课本，预习相关知识	10					
课中	知识掌握	知晓年金的概念和年金的不同形式，掌握年金终值计算公式	30					
	能力培养	能够区分不同形式的年金，能够查阅年金终值系数表，掌握普通年金终值和偿债基金的计算	30					
	素质提升	树立科学的理财意识，增强风险意识，遵守课堂纪律，学习积极主动	20					
课后	作业完成	完成老师布置的课后作业，巩固课中所学	10					
		总评	100	—				

综合评价：1. 优秀（≥90分） 2. 良好（75~89分） 3. 及格（60~74分） 4. 不及格（<60分）

任务四　年金现值的计算

一、任务布置

（一）任务场景

20×2年12月1日，华信公司董事会通过了加工机床的采购计划，采购部经理向供应商济南阳光机械厂发送询价邀请函，后收到报价函，如图2-3所示。

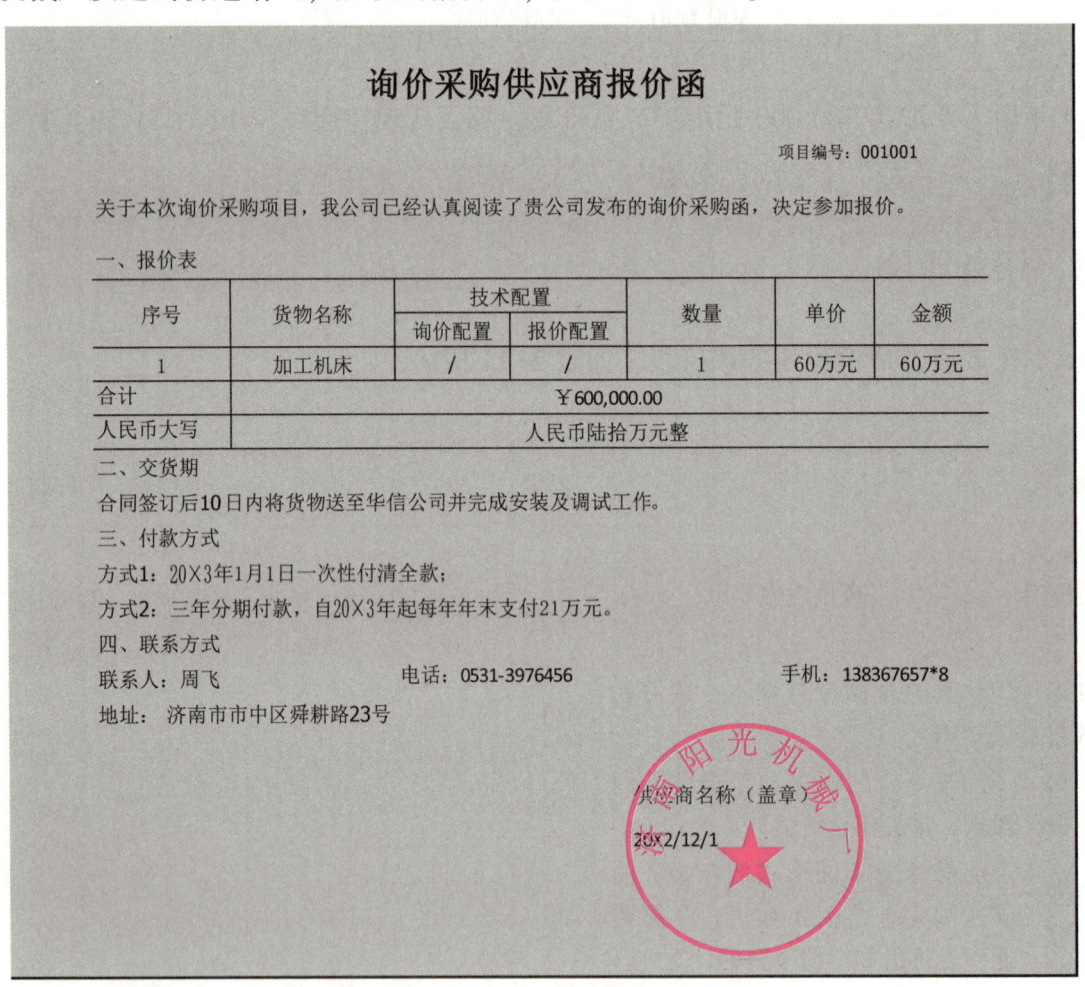

询价采购供应商报价函

项目编号：001001

关于本次询价采购项目，我公司已经认真阅读了贵公司发布的询价采购函，决定参加报价。

一、报价表

序号	货物名称	技术配置 询价配置	技术配置 报价配置	数量	单价	金额
1	加工机床	/	/	1	60万元	60万元
合计		￥600,000.00				
人民币大写		人民币陆拾万元整				

二、交货期
合同签订后10日内将货物送至华信公司并完成安装及调试工作。
三、付款方式
方式1：20×3年1月1日一次性付清全款；
方式2：三年分期付款，自20×3年起每年年末支付21万元。
四、联系方式
联系人：周飞　　　　电话：0531-3976456　　　　手机：138367657*8
地址：济南市市中区舜耕路23号

供应商名称（盖章）
20×2/12/1

图2-3　报价函

（二）任务清单

（1）若银行年存款利率为4%，以复利计息，采购部应该选择何种付款方式？

（2）当每年付款金额为多少时，两种付款方式下所付款项价值相等？

二、知识准备

（一）年金现值（已知年金，求现值）

1. 普通年金现值

普通年金现值是指一定时期内每期期末等额收付款项的现值，用 P_A 表示。普通年金现值计算公式为：

$$P_A = A \times \frac{1-(1+i)^{-n}}{i} = A \times (P/A, i, n)$$

式中，$\frac{1-(1+i)^{-n}}{i}$ 被称为年金现值系数，通常用符号 $(P/A, i, n)$ 表示。为了得出数值，实际工作中，年金现值系数可以通过查阅"年金现值系数表"（见附表四）。

> ◇ **学中做**
>
> 【2-8】某公司向银行借入一项贷款，期限为10年，利率为6%，每年年末等额偿还本息 50 000 元。
>
> 要求：计算借入的本金。
>
> 【解答】
>
> 借入的本金为：
>
> $$P_A = 50\ 000 \times (P/A, 6\%, 10) = 50\ 000 \times 7.360\ 1 = 368\ 005（元）$$

2. 预付年金现值

在普通年金现值计算公式的基础上进行推导，可以得出预付年金现值的计算公式。预付年金现值的计算公式有两种，如表 2-12 所示。

表 2-12 预付年金现值的计算公式

预付年金现值计算公式	与普通年金现值（系数）的关系
$P_A = A \times (P/A, i, n) \times (1+i)$	预付年金现值=普通年金现值×(1+i)
$P_A = A \times [(P/A, i, n-1)+1]$	预付年金现值=A×预付年金现值系数 预付年金现值系数：期数-1，系数+1

> ◇ **学中做**
>
> 【2-9】某公司需要在5年内每年年初支付10万元，年利率为3%。
>
> 要求：计算全部付款额的现值。
>
> 【解答】
>
> 全部付款额的现值为：

$$P_A = 100\,000 \times (P/A, 3\%, 5) \times (1+3\%) = 100\,000 \times 4.579\,7 \times 1.03 = 471\,709.1 \text{（元）}$$

或者：

$$P_A = 100\,000 \times [(P/A, 3\%, 4)+1] = 100\,000 \times (3.717\,1+1) = 471\,710 \text{（元）}$$

注：两个公式计算出的结果略有差异，是因为年金现值系数表仅保留四位小数。

3. 递延年金现值

假定期初 m 期没有收付款项，之后的 n 期每年年末有等额收付，那么期初的 m 期称为递延期，后面的 n 期可以看作普通年金。递延年金现值示意如图 2-4 所示。

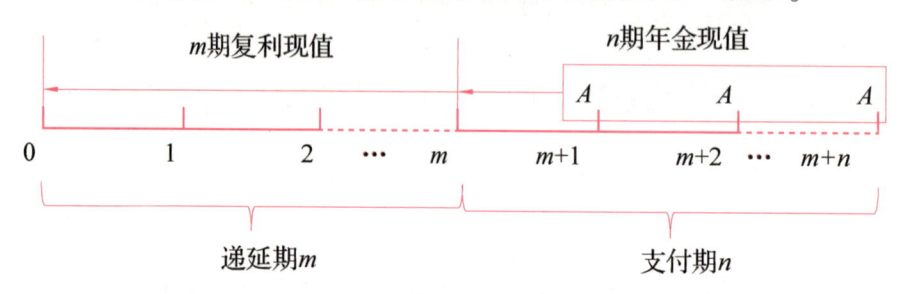

图 2-4 递延年金现值示意

如上图 2-4 所示，递延年金现值常用的计算方法是先求出递延年金在 n 期期初（m 期期末）的现值，再将其作为终值贴现到 m 期的第一期期初，便可求出递延年金的现值，其计算公式为：

$$P_A = A \times (P/A, i, n) \times (P/F, i, m)$$

◇ **学中做**

【2-10】某年金在前 2 年无现金流入，从第三年开始连续 5 年每年年末现金流入 300 000 元。

要求：计算该年金按年利率 4% 折现的现值。

【解答】

该年金现值为：

$$P_A = 300\,000 \times (P/A, 4\%, 5) \times (P/F, 4\%, 2) = 300\,000 \times 4.451\,8 \times 0.924\,6 = 1\,234\,840.28 \text{（元）}$$

4. 永续年金现值

根据普通年金现值计算公式可以推导出永续年金现值计算公式为：

$$P_A = \frac{A}{i}$$

◇ **学中做**

【2-11】某公司拟建立一项永久性的奖学金，每年计划颁发 10 000 元奖金，年利率为 5%。

要求：计算现在应存入多少钱。

【解答】

现在应存入的资金数额为：

$$P_A = \frac{10\ 000}{5\%} = 200\ 000（元）$$

（二）资本回收额的计算（已知现值，求年金）

资本回收是指在给定的年限内等额回收初始投入资本或清偿债务，资本回收额是指在约定的年限内等额回收初始投资的数额，其计算其实就是已知年金现值求年金。

◇ 学中思

【2-5】创业对每个人来说都是一件易想难做的事情，投入的资金何时开始有收益？收益期持续多久才能收回本金？这都是创业者需要事先做好预判的问题。党的二十大报告提到，当代中国青年生逢其时，施展才干的舞台无比广阔，实现梦想的前景无比光明。请思考：你怎样看待青年人创业？

资本回收额的计算公式为：

$$A = \frac{P_A}{(P/A, i, n)} = P_A \times (A/P, i, n)$$

式中，$\frac{1}{(P/A, i, n)}$ 称为资本回收系数，通常用符号 $(A/P, i, n)$ 表示。普通年金现值和资本回收额之间的关系如表 2-13 所示。

表 2-13 普通年金现值和资本回收额之间的关系

项目	符号/公式	关系
普通年金现值系数	$(P/A, i, n)$	互为倒数
资本回收系数	$\frac{1}{(P/A, i, n)}$	
普通年金现值 P_A（已知 A，求 P_A）	$P_A = A \times (P/A, i, n)$	互为逆运算
资本回收额 A（已知 P_A，求 A）	$A = \frac{P_A}{(P/A, i, n)}$	

◇ 学中做

【2-12】某企业现在借得 600 000 元的贷款，10 年期，年利率 5%，每年年末等额偿还。要求：计算每年应偿还的金额。

【解答】

每年应偿还的金额为：

$$A = \frac{600\,000}{(P/A,\ 5\%,\ 10)} = \frac{600\,000}{7.721\,7} = 77\,703.10\ (元)$$

三、任务实施

任务清单中的第一个任务是已知年金，求普通年金现值 P_A，第二个任务是已知普通年金现值 P_A，求资本回收额 A。任务信息如表2-14所示。

表2-14　任务信息

任务	年金 A/元	利率 i/%	期限 n/年	终值 P_A/元
1	210 000	4	3	?
2	?	4	3	600 000

（1）若银行年存款利率为4%，以复利计息，采购部付款方式决策过程：

报价函中的一次性付款600 000元是当前的价值，即现值；分期付款方式是普通年金的形式，年金为210 000元，求出其普通年金现值 P_A，然后与全款600 000元比较，现值最小的即为最优付款方式。

$$P_A = 210\,000 \times (P/A,\ 4\%,\ 3) = 210\,000 \times 2.775\,1 = 582\,771\ (元)$$

可以看出，分期付款方式下的现值小于一次性付款方式的现值，所以应该选择分期付款，每年年末支付21万元。

（2）两种付款方式下所付款项价值相等时，每年付款金额：

把600 000元作为普通年金现值 P_A，求出其三年期的资本回收额（年金 A）即可。

$$A = \frac{600\,000}{(P/A,\ 4\%,\ 3)} = \frac{600\,000}{2.775\,1} = 216\,208.42\ (元)$$

由此可见，当每年付款金额为216 208.42元时，两种付款方式下所付款项价值相等。换言之，当每年付款金额高于216 208.42元时，就应该选择一次性付款方式（假设不存在资金短缺情况）。

四、任务评价

完成本任务后，请填写任务评价表，如表2-15所示。

表 2-15 任务评价表

班级：　　　　　　　　　　　　　姓名：　　　　　　　　　　　　　日期：

考核项目		考核内容	分值	评分				小计
				学生自评 20%	学生互评 20%	教师评价 40%	导师评价 20%	
课前	知识预习	认真自学微课与课本，预习相关知识	10					
课中	知识掌握	知晓年金的不同形式，掌握年金现值计算公式	30					
课中	能力培养	能够区分不同形式的年金，能够查阅年金现值系数表，掌握普通年金现值和资本回收额的计算	30					
	素质提升	树立科学的理财意识，增强风险意识，遵守课堂纪律，学习积极主动	20					
课后	作业完成	完成老师布置的课后作业，巩固课中所学	10					
总评			100	—	—	—	—	

综合评价：1. 优秀（≥90 分）2. 良好（75~89 分）3. 及格（60~74 分）4. 不及格（<60 分）

项目公式如表 2-16 所示。

表 2-16 项目公式

项目		公式
单利	终值	$F = P \times (1 + i \times n)$
	现值	$P = \dfrac{F}{1 + i \times n}$
复利	终值	$F = P \times (F/P, i, n)$
	现值	$P = F \times (P/F, i, n)$
普通年金	终值	$F_A = A \times (F/A, i, n)$
	现值	$P_A = A \times (P/A, i, n)$
预付年金	终值	$F_A = A \times (F/A, i, n) \times (1+i)$
	现值	$P_A = A \times (P/A, i, n) \times (1+i)$

续表

项目		公式
递延年金	终值	$F_A = A \times (F/A, i, n)$
	现值	$P_A = A \times (P/A, i, n) \times (P/F, i, m)$
永续年金	终值	无终值
	现值	$P_A = \dfrac{A}{i}$
偿债基金		$A = \dfrac{F_A}{(F/A, i, n)}$
资本回收额		$A = \dfrac{P_A}{(P/A, i, n)}$

项目测评

一、单项选择题

1. 下列各项中，关于货币时间价值的说法不正确的是（   ）。

    A. 货币时间价值，是指一定量货币资本在不同时点上的价值量差额

    B. 资金时间价值是指没有风险、没有通货膨胀的社会平均资金利润率

    C. 货币的时间价值来源于货币进入社会再生产过程后的价值增值

    D. 资金时间价值是指存在风险和通货膨胀下的社会平均利润率

2. 某公司拟从现在起每年年末等额本金存入银行，用于偿还一项5年后到期的债务100 000元，假定银行利息率为10%，已知（F/A，10%，5）为6.105 1，（P/A，10%，5）为3.790 8，则偿债基金为（   ）。

    A. 16 379.75元　　　　B. 26 379.66元　　　　C. 379 080元　　　　D. 610 510元

3. 某公司从现在起每年年末存入银行200 000元，若要计算第10年年末可以从银行取出的本利和，则应选用的时间价值系数是（   ）。

    A. 复利终值系数　　　　　　　　B. 复利现值系数

    C. 普通年金终值系数　　　　　　D. 普通年金现值系数

4. 在普通年金现值系数的基础上，期数减1、系数加1的计算结果，与下列哪一项系数相等？（   ）

    A. 递延年金现值系数　　　　　　B. 后付年金现值系数

    C. 预付年金现值系数　　　　　　D. 永续年金现值系数

5. 某企业年初从银行贷款借得10年期的100 000元，年利率10%，每年年末等额偿还。已知（P/A，10%，10）= 6.144 6，（F/A，10%，10）= 15.937，则每年应偿还金额为（   ）。

    A. 16 274.45元　　　　B. 100 000元　　　　C. 614 460元　　　　D. 6 274.71元

二、多项选择题

1. 下列各项中符合年金特征的有（　　）。

 A. 按期缴纳的保险费   B. 等额分期偿还贷款

 C. 按月支付的租金   D. 年数总和法下计提的年折旧费用

2. 设年金为 A，计息期为 n，利息率为 i，则先付年金现值的计算公式为（　　）。

 A. $P_A = A \times (P/A, i, n) \times (1+i)$ B. $P_A = A \times (P/A, i, n) \times i$

 C. $P_A = A \times [(P/A, i, n-1) + 1]$ D. $P_A = A \times [(P/A, i, n+1) - 1]$

3. 下列表述中，正确的有（　　）。

 A. 复利终值系数和复利现值系数互为倒数

 B. 普通年金终值系数和普通年金现值系数互为倒数

 C. 普通年金终值系数和偿债基金系数互为倒数

 D. 普通年金现值系数和资本回收系数互为倒数

4. 对于货币时间价值的说法，下列表述正确的有（　　）。

 A. 货币时间价值不可能由"时间"创造，而只能由劳动创造

 B. 只有把货币作为资金投入生产经营才能产生时间价值，即时间价值是在生产经营中产生的

 C. 货币时间价值的相对数是指扣除风险报酬和通货膨胀后的平均资金利润率或平均报酬率

 D. 一般而言，时间价值应按复利方式来计算

5. 下列选项中属于递延年金的特点有（　　）。

 A. 年金的收付发生在第二期及以后

 B. 没有终值

 C. 年金的现值与递延期有关

 D. 年金的终值与递延期有关

三、判断题

1. 货币时间价值是指货币经过一定时间的投资和再投资所增加的价值，可以用社会平均利润率来衡量。（　　）

2. 年金是指未来若干时期发生的等额收款或付款。（　　）

3. 计算偿债基金系数，可以根据年金终值系数求倒数确定。（　　）

4. 递延年金终值的大小与递延期无关，其计算方法与普通年金相同。（　　）

5. 普通年金现值与普通年金终值互为逆运算。（　　）

四、思考题

1. 企业进行财务决策时为什么要考虑货币时间价值？

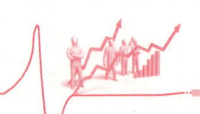

2. 单利与复利的区别是什么？

3. 普通年金与预付年金、递延年金、永续年金的区别分别是什么？

4. 财务管理中为什么一般用复利进行计算？

5. 请列举几个实际生活中递延年金的例子。

五、计算分析题

1. 某企业年初借得 60 000 元贷款，10 年期，年利率 12%，每年年末等额偿还。已知 $(P/A，12\%，10) = 5.650\ 2$，则每年年末应付金额为多少？

2. 某公司计划从现在开始储备资金，5 年后新建一条生产线，预计需要投资 200 万元。若年利率为 5%，复利计息，已知 $(F/A，5\%，5) = 5.525\ 6$，从现在起每年年末应等额存入银行多少万元？

3. 某公司拟购入一台设备，买价为 70 000 元，可用 8 年。如果租用，则每年年末需付租金 12 000 元。复利计息，假设利率为 8%，已知 $(P/A，8\%，8) = 5.746\ 6$。该企业应租用还是购买该设备？

4. 某企业用银行贷款投资一个项目，总投资额为 2 000 万元，设银行借款利率为 10%。该工程当年建成投产，此后连续 6 年每年可获得收益，复利计息，已知 $(P/A，10\%，6) = 4.355\ 3$，每年至少需要获益多少万元才能收回投资？

5. 某人计划从现在开始存钱，距离退休还有 30 年，他的目标是退休当年年末拥有 100 万元存款。假设利率为 10%，复利计息，已知 $(F/A，10\%，30) = 164.49$。为了达成他的储蓄目标，从现在起每年年末需要存多少钱？

项目三

筹 资 管 理

项目描述

资金是企业生存和发展的必要条件。筹集资金既是保证企业正常生产经营的前提，又是谋求企业发展的基础。筹集资金是企业资金运动的起点，它会影响乃至决定企业资金运动的规模及效果。企业的经营管理者必须把握企业何时需要资金、需要多少资金、以何种合理的筹资方式获取资金。

学习目标

知识目标

1. 了解资金筹集的动机和方式；
2. 掌握资金需要量的预测方法；
3. 掌握资本成本的计算方法；
4. 理解财务杠杆效应；
5. 掌握资本结构决策方法。

能力目标

1. 能用销售百分比法预测资金需要量；
2. 能权衡风险和成本，进行筹资决策；
3. 能正确进行资本结构决策。

素质目标

1. 培养学生风险管理意识；

2. 使学生具备价值管理意识。

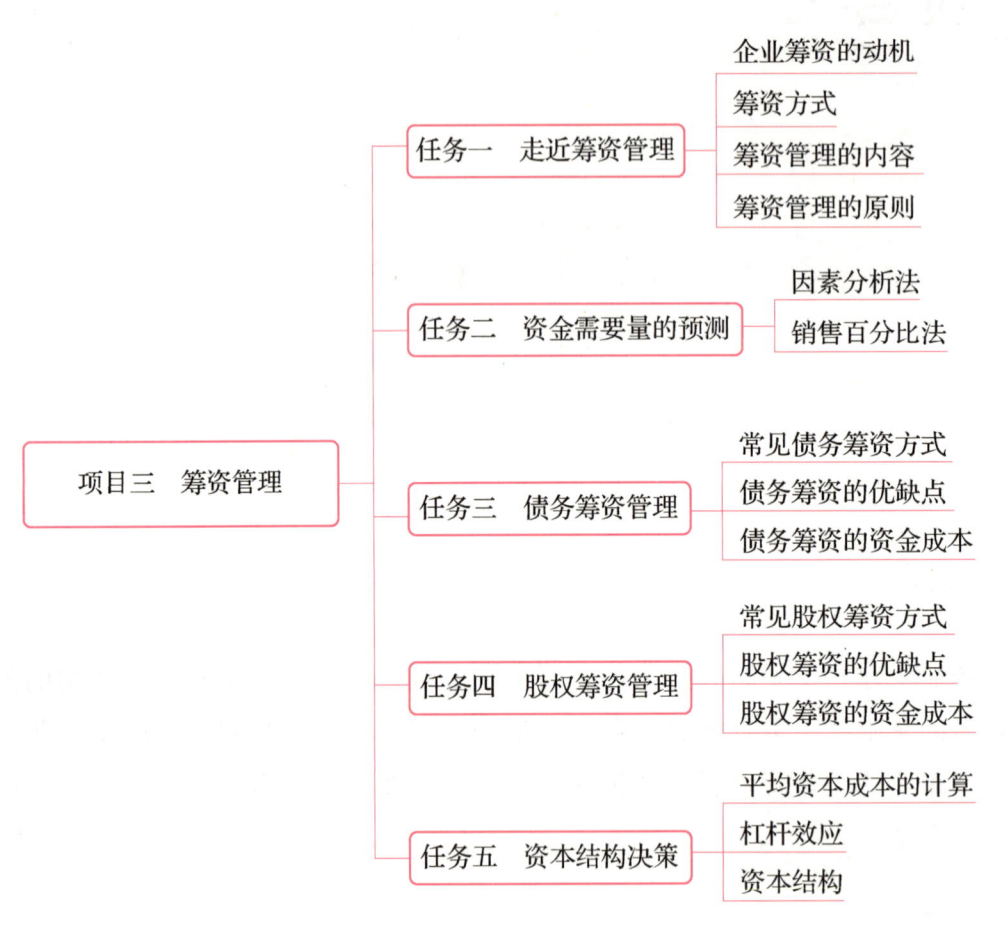

思维导图

项目三 筹资管理
- 任务一 走近筹资管理
  - 企业筹资的动机
  - 筹资方式
  - 筹资管理的内容
  - 筹资管理的原则
- 任务二 资金需要量的预测
  - 因素分析法
  - 销售百分比法
- 任务三 债务筹资管理
  - 常见债务筹资方式
  - 债务筹资的优缺点
  - 债务筹资的资金成本
- 任务四 股权筹资管理
  - 常见股权筹资方式
  - 股权筹资的优缺点
  - 股权筹资的资金成本
- 任务五 资本结构决策
  - 平均资本成本的计算
  - 杠杆效应
  - 资本结构

项目导入

2022年A股筹资额再创历史纪录

2022年12月15日，安永发布的2022年度《中国内地和香港首次公开募股（IPO）市场调研》报告显示，2022年A股市场IPO筹资额连续第二年创下历史纪录。

根据报告，2022年全球IPO活动明显放缓，但中国内地和香港仍是IPO活动的重要地区，其IPO数量和筹资额分别占全球的37%和56%；全球IPO数量和筹资额排名前两位的证券交易所为上海证券交易所和深圳证券交易所。2022年全球共有1 333家企业上市，筹资1 795亿美元。与2021年同期相比，IPO数量和筹资额分别下降45%和61%。全球前十大IPO中有4家为中国企业，涉及通信、石油和天然气、零售与消费品及材料行业。

（文章来源：中国财经报，2022-12-20.）

◇ 头脑风暴

你了解文中提到的IPO吗？除了这种筹资方式，企业还可以通过哪些渠道进行筹资？

任务一　走近筹资管理

一、任务布置

（一）任务场景

20×2年12月，华信公司计划增加产品产量，决定扩建厂房，更新设备。扩建厂房、购买设备和材料需1 000万元，偿还将要到期的短期借款需1 000万元，共需资金2 000万元。

公司有以下两项筹资方案供公司领导决策：

（1）举借5年期借款2 000万元，借款年利率6%；

（2）公开发行股票200万股，预计发行价12元，发行费用400万元，当年的股利率7%。

（二）任务清单

（1）公司举借长期负债或发行股票筹资的动机是什么？

（2）从筹资节税角度，分析举借长期负债和发行股票哪个更优。

二、知识准备

（一）企业筹资的动机

企业筹资是指企业为了满足经营活动、投资活动、资本结构管理和其他需要，运用一定的筹资方式，通过一定的筹资渠道，筹措和获取所需资金的一种财务行为。

企业筹资的基本目的是实现自身的生存和发展，具体动机有以下五种：

1. 创立性筹资动机

创立性筹资动机是指企业设立时，为取得资本金并形成开展经营活动的基本条件而产生的筹资动机，例如，为购建厂房设备而进行的筹资。

2. 支付性筹资动机

支付性筹资动机是指企业为了满足经营业务活动的正常波动所形成的支付需要而产生的筹资动机，例如，原材料购买的大额支付、职工薪酬的集中发放。

3. 扩张性筹资动机

扩张性筹资动机是指企业因扩大经营规模或对外投资需要而产生的筹资动机，例如，扩

建厂房、对外投资而进行的筹资。

4. 调整性筹资动机

调整性筹资动机是指企业因调整资本结构而产生的筹资动机，例如，举借长期债务偿还部分短期债务，以降低流动负债比例。

5. 混合性筹资动机

混合性筹资动机是指企业同时为扩张企业规模和调整资本结构而产生的筹资动机。

（二）筹资方式

企业最基本的筹资方式有两种：

1. 股权筹资

股权筹资形成企业的股权资金，通过吸收直接投资、发行股票、利用留存收益等方式取得。

2. 债务筹资

债务筹资形成企业的债务资金，通过向金融机构借款、发行债券、融资租赁、利用商业信用等方式取得。

◇学中思

【3-1】党的二十大报告中指出：深化金融体制改革，建设现代中央银行制度，加强和完善现代金融监管，强化金融稳定保障体系，依法将各类金融活动全部纳入监管，守住不发生系统性风险底线。健全资本市场功能，提高直接融资比重。请思考：什么是直接融资？直接融资的方式有哪些？

（三）筹资管理的内容

1. 科学预测资金需要量

企业创立时，按照规划的生产经营规模，确定长期资本和流动资金需要量；企业正常运营时，要根据年度计划和资金周转水平，确定维持营运活动的日常资金需要量；企业扩张时，要根据扩张规模或对外投资的需要，确定资金需要量。

2. 合理选择筹资渠道和筹资方式

筹资渠道和筹资方式，直接影响企业筹资的数量、成本和风险，企业需要综合考虑各种筹资渠道和筹资方式的特征、性质及企业融资要求的适应性，权衡成本和风险，选择合适的筹资渠道和筹资方式。

3. 降低资本成本、控制财务风险

不同的筹资方式会影响财务风险程度、资本成本水平、股东控股权等问题。所以，财务人员在面对多种筹资方式的选择时，要结合每一种筹资方式的特点和单位实际需求，制定合

理的筹资方案，以最小的代价获得资金，控制风险，降低成本。

（四）筹资管理的原则

1. 筹措合法

企业筹资必须遵循国家相关法律法规，依法履行合同约定的责任，合法合规筹资，依法披露信息，维护各方的合法权益。

2. 规模适当

企业要根据生产经营状况及发展需要，合理安排资金需求。筹资规模应与资金需要量相匹配，既要避免因筹资不足影响正常生产经营，又要避免因筹资过多而造成资金闲置。

3. 取得及时

企业要合理安排时间，适时取得资金。合理安排资金的到位时间，使资金取得与使用的时间相衔接。

4. 来源经济

企业应当在考虑筹资难易程度的基础上，计算分析不同来源资金的成本，认真选择筹资渠道，选择经济、可行的筹资方式。

5. 结构合理

筹资管理要综合考虑各种筹资方式，优化资本结构。企业筹资要综合考虑股权资金与债务资金的关系、长期资金与短期资金的关系、内部筹资与外部筹资的关系，合理安排资本结构，保持适当偿债能力，防范企业财务危机。

三、任务实施

1. 公司举借长期借款或发行股票的筹资动机

偿还部分短期债务，意在降低流动负债比例，属于调整性筹资；扩建厂房、增加产量、扩大企业规模属于扩张性筹资，故本项筹资兼具调整性和扩张性目的，属于混合性筹资。

2. 银行借款和发行股票筹资节税比较

从纳税人角度看，不同的筹资方式，产生的税收结果有很大不同。银行借款利息由于在税前支付，能有效地降低资本成本；发行股票方式，股利支付需要税后支付，资本成本相对较高。

四、任务评价

完成本任务后，请填写任务评价表，如表3-1所示。

表3-1 任务评价表

班级： 姓名： 日期：

考核项目		考核内容	分值	评分				小计
				学生自评 20%	学生互评 20%	教师评价 40%	导师评价 20%	
课前	知识预习	认真自学微课与课本，预习相关知识	10					
课中	知识掌握	了解资金筹集的动机和方式，知晓筹资管理的内容和原则	30					
	能力培养	能够分析企业筹资动机，能够举例说明资金筹集方式	30					
	素质提升	增强风险管理和价值管理意识，遵守课堂纪律，学习积极主动	20					
课后	作业完成	完成老师布置的课后作业，巩固课中所学	10					
总评			100	—	—	—	—	

综合评价：1. 优秀（≥90分） 2. 良好（75~89分） 3. 及格（60~74分） 4. 不及格（<60分）

任务二　资金需要量的预测

一、任务布置

（一）任务场景

华信公司20×2年销售额15 000万元，销售净利润率2.25%，利润留存率50%。20×3年销售额预计增长20%，达到18 000万元，目前公司有足够的生产能力，无须追加固定资产投资。公司根据业务增长情况，拟采用销售额百分比法预测20×3年外部筹资额。公司20×2年12月31日的简要资产负债表如表3-2所示。

表 3-2 公司简要资产负债表

20×2 年 12 月 31 日　　　　　　　　　　　　　　　　　　　　　　　单位：万元

资产	金额	负债及所有者权益	金额
货币资金	75	应付票据	—
应收票据	—	应付账款	2 640
应收账款	2 400	预收账款	105
存货	2 610	非流动负债	555
固定资产	295	股本	1 250
—	—	留存收益	830
合计	5 380	合计	5 380

（二）任务清单

（1）确定经营性资产和经营性负债项目；

（2）计算经营性资产和经营性负债与销售额的百分比；

（3）计算 20×3 年新增资产、新增负债和新增留存收益；

（4）计算 20×3 年外部筹资额。

二、知识准备

企业应当科学合理地预测资金需要量。资金需要量的预测是筹资的数量依据，其目的是保证筹集的资金既能满足生产经营的需要，又不会产生多余的闲置资金。

◇ **学中思**

【3-2】《防范和处置非法集资条例》经 2020 年 12 月 21 日国务院第 119 次常务会议通过，自 2021 年 5 月 1 日起施行。请思考：什么是非法集资？应该如何防范非法集资风险？

（一）因素分析法

因素分析法又称分析调整法，是以有关项目基期年度的平均资金需要量为基础，根据预测年度的生产经营任务和资金周转加速的要求进行分析调整，来预测资金需要量的一种方法。因素分析法的计算公式为：

资金需要量 =（基期资金平均占用额 – 不合理资金占用额）×

（1+ 预测期销售增长率）×（1+ 预测期资金周转速度增长率）

这种方法计算简便，容易掌握，但预测结果不太精确。它通常适用于品种繁多、规格复杂、资金用量较小的项目。

◇ **学中做**

【3-1】甲企业上年度资金平均占用额为 1 100 万元，经分析，其中不合理部分 100 万元，预计本年度销售增长率为 5%，资金周转速度增长率为 2%。

要求：计算预测年度资金需要量。

【解答】

预测年度资金需要量为：

（1 100－100）×（1+5%）×（1+2%）= 1 071（万元）

（二）销售百分比法

1. 基本原理

销售百分比法，是假设某些资产、负债与销售额存在稳定的百分比关系，据此预计外部资金需要量的方法。企业的销售规模扩大时，要相应增加流动资产；如果销售规模增加很多，还必须增加长期资产。为取得扩大销售所需增加的资产，企业需要筹措资金。这些资金一部分来自随销售额同比例增加的流动负债，还有一部分来自预测期的收益留存，另一部分则需通过外部筹资取得。

销售百分比法假设各项经营性资产和经营性负债与营业收入保持稳定的比例关系，是一种比较简单、粗略的计算方法。

2. 基本步骤

（1）确定经营性资产和经营性负债项目。

经营性资产也称敏感资产，是指与销售同比例变动的资产。通常，流动资产项目属于经营性资产项目，包括货币资金、应收账款、存货等；除此之外的资产是非敏感资产，例如，对外投资、固定资产等，非敏感资产一般不会随销售额的增长而增加。

经营性负债也称敏感负债，是指与销售同比例变动的负债。经营性负债项目包括应付票据、应付账款等，但不包括短期借款、非流动负债等负债。

（2）计算经营性资产、经营性负债与销售额的百分比。

$$经营性资产与销售额百分比 = \frac{基期经营性资产}{基期营业收入} \times 100\%$$

$$经营性负债与销售额百分比 = \frac{基期经营性负债}{基期营业收入} \times 100\%$$

销售百分比法

（3）计算新增资产、新增负债和新增所有者权益。

新增资产＝新增经营性资产＋新增非敏感资产＝新增销售额×经营性资产与销售额百分比＋新增非敏感资产

新增负债＝新增经营性负债＝新增销售额×经营性负债与销售额百分比

新增所有者权益＝新增留存收益＝预计销售额×销售净利率×（1－股利支付率）

(4）计算外部筹资额。

外部筹资额=新增资产-新增负债-新增所有者权益

◇学中做

【3-2】某公司敏感资产和敏感负债占销售额的比重分别为50%和10%，并保持稳定不变。20×2年销售额为1 000万元，预计20×3年销售额增长20%，销售净利率为10%，股利支付率为70%。

要求：不考虑其他因素，根据销售百分比法，计算20×3年的外部融资需求量。

【解答】

外部融资需求量为：

1 000×20%×50%-1 000×20%×10%-1 000×(1+20%)×10%×(1-70%)=44（万元）

三、任务实施

任务场景中，华信公司20×2年销售额15 000万元，销售净利润率2.25%，利润留存率50%。20×3年销售额预计增长20%，达到18 000万元，目前公司有足够的生产能力，无须追加固定资产投资。任务实施过程如下：

1. 经营性资产和经营性负债项目

经营性资产：货币资金、应收票据、应收账款、存货。

经营性负债：应付票据、应付账款、预收账款。

2. 经营性资产和经营性负债与销售额的百分比

经营性资产和经营性负债与销售额的百分比如表3-3所示。

表3-3 经营性资产和经营性负债与销售额的百分比

资产	金额/万元	百分比/%	负债及所有者权益	金额/万元	百分比/%
货币资金	75	0.5	应付票据	—	—
应收票据	—	—	应付账款	2 640	17.6
应收账款	2 400	16	预收账款	105	0.7
存货	2 610	17.4	非流动负债	555	—
固定资产	295	—	股本	1 250	—
			留存收益	830	—
合计	5 380	33.9	合计	5 380	18.3

3. 20×3年新增资产、新增负债和新增所有者权益

新增资产=15 000×20%×33.9%=1 017（万元）

新增负债＝15 000×20%×18.3%＝549（万元）

新增所有者权益＝18 000×2.25%×50%＝202.5（万元）

4. 外部筹资额

外部筹资额＝1 017－549－202.5＝265.5（万元）

华信公司在20×3年销售额预计增长20%，不追加固定资产投资，采用销售额百分比法预测出的外部筹资额为265.5万元。

四、任务评价

完成本任务后，请填写任务评价表，如表3-4所示。

表3-4 任务评价表

班级：　　　　　　　　　　姓名：　　　　　　　　　　日期：

考核项目	考核内容	分值	学生自评 20%	学生互评 20%	教师评价 40%	导师评价 20%	小计
课前 知识预习	认真自学微课与课本，预习相关知识	10					
课中 知识掌握	掌握因素分析法和销售百分比法的计算公式	30					
课中 能力培养	能够运用因素分析法和销售百分比法预测资金需要量	30					
课中 素质提升	增强风险管理和价值管理意识，遵守课堂纪律，学习积极主动	20					
课后 作业完成	完成老师布置的课后作业，巩固课中所学	10					
总评		100	—	—	—	—	

综合评价：1. 优秀（≥90分） 2. 良好（75～89分） 3. 及格（60～74分） 4. 不及格（<60分）

任务三　债务筹资管理

一、任务布置

（一）任务场景

华信公司20×2年12月从银行取得5年期长期借款1 000万元，年利率7%，每年付息一次，到期一次还本；按面值发行公司债券1 000万元，票面利率6%，筹资费用率2%，企业所得税税率25%。

（二）任务清单

（1）计算银行借款资本成本率；
（2）计算发行公司债券资本成本率。

二、知识准备

（一）常见债务筹资方式

1. 银行借款

（1）银行借款的种类。
银行借款根据分类标准不同，分类如下：
①根据期限长短，可分为短期借款和长期借款；
②根据有无担保，可分为信用借款和担保借款；
③根据借款用途，可分为基本建设借款、专项借款和流动资金借款。
（2）银行借款的优缺点。
银行借款的优缺点如表3-5所示。

表3-5　银行借款的优缺点

优点	缺点
①筹资速度快 ②资本成本较低 ③筹资弹性较大	①限制条款多 ②筹资数额有限

2. 发行公司债券

（1）债券的种类。

债券是企业依照法定程序发行的、承诺按票面利率定期支付利息，并到期归还本金的有价证券，是持券人拥有公司债权的凭证。发行公司债券是企业筹集资金的重要方式。根据分类标准不同，分类如下：

①根据有无抵押担保，可分为信用债券、抵押债券和担保债券；

②根据是否记名，可分为记名债券和无记名债券；

③根据是否可转换成普通股，可分为可转换债券和不可转换债券。

（2）债券筹资的优缺点。

与银行借款相比，债券筹资的优缺点如表3-6所示。

表3-6 债券筹资的优缺点

优点	缺点
①一次筹资数额大 ②提高公司的社会声誉 ③募集资金的使用限制条件少	资本成本较高

3. 融资租赁

租赁是承租人向出租人交付租金，出租人在契约或合约规定的期限内将资产的使用权让渡给承租人的一种经济行为。按租赁的性质可分为经营性租赁和融资性租赁两大类。融资租赁有直接租赁、售后租赁和杠杆租赁三种形式。融资租赁的优缺点如表3-7所示。

表3-7 融资租赁的优缺点

优点	缺点
①无须大量资金就能迅速获得资产 ②财务风险小，财务优势明显，筹资的限制条件较少 ③能延长资金融通的期限	资本成本较高

4. 商业信用

商业信用是自然性融资行为，是指商品交易中的因延期付款、预收货款或延期交货而形成的借贷关系，是企业之间的直接信用行为。企业之间商业信用的形式很多，主要有应付账款、应付票据、预收货款等。

◇学中思

【3-3】党的二十大报告指出，弘扬诚信文化，健全诚信建设长效机制。请思考：诚信对于商业而言有何意义？

商业信用筹资的优缺点如表3-8所示。

表 3-8　商业信用筹资的优缺点

优点	缺点
①筹资便利 ②筹资成本低 ③限制条件少	①期限较短 ②筹资数额较小 ③放弃现金折扣时成本较高

(二) 债务筹资的优缺点

与股权融资相比，债务筹资的优缺点如表 3-9 所示。

表 3-9　债务筹资的优缺点

优点	缺点
①筹资速度较快 ②筹资资本成本低 ③借款筹资弹性大 ④可以利用财务杠杆 ⑤稳定公司的控制权	①不能形成企业稳定的资本基础 ②财务风险较大 ③筹资数额有限

(三) 债务筹资的资本成本

资本成本，是企业为筹集和使用资本而付出的代价。资本成本包含资金筹集费和资金占用费两部分。

1. 一般模式

资本成本可以用绝对数表示，也可以用相对数表示。资本成本用绝对数表示即资本总成本，它是筹资费用和资金占用费用之和，较少使用。资本成本用相对数表示即资本成本率，它是资金占用费与筹资净额的比率。其计算公式为：

$$资本成本 = \frac{资金占用费}{筹资总额 - 资金筹集费} \times 100\% = \frac{资金占用费}{筹资总额 \times (1-筹资费用率)} \times 100\%$$

2. 银行借款的资本成本

银行借款资本成本的计算公式为：

$$K = \frac{I(1-T)}{P(1-f)} = \frac{i(1-T)}{1-f}$$

式中：K——银行借款资本成本；

I——银行借款年利息；

P——银行借款筹资总额；

T——所得税税率；

f——银行借款筹资费用率；

i——银行借款年利息率。

> ◇ 学中做
>
> 【3-3】某公司取得5年期长期借款200万元，年利率8%，每年付息一次，到期一次还本，筹资费用率为0.5%，企业所得税税率为25%。不考虑货币时间价值。
>
> 要求：计算借款的资本成本。
>
> 【解答】
>
> 该借款的资本成本为：
>
> $$K=\frac{i(1-T)}{1-f}=\frac{8\%\times(1-25\%)}{1-0.5\%}=6.03\%$$

3. 公司债券的资本成本

公司债券资本成本的计算公式为：

$$K=\frac{I(1-T)}{P(1-f)}=\frac{B\times i(1-T)}{P(1-f)}$$

式中：K——债券资本成本；

　　　I——债券年利息；

　　　P——债券筹资总额；

　　　T——所得税税率；

　　　f——债券筹资费用率；

　　　B——债券面值总额；

　　　i——债券年利息率。

> ◇ 学中做
>
> 【3-4】某公司发行期限为5年的债券10 000张，面值为100元，期限为5年，票面利率为8%，每年付息一次、到期一次还本，发行价格为90元，发行费用为发行价格的5%，企业所得税税率为25%，不考虑时间价值。
>
> 要求：计算债券的资本成本。
>
> 【解答】
>
> 该债券的资本成本为：
>
> $$K=\frac{B\times i(1-T)}{P(1-f)}=\frac{100\times 8\%\times(1-25\%)}{90\times(1-5\%)}=7.02\%$$

三、任务实施

任务场景中，5年期长期借款1 000万元，年利率7%，每年付息一次，到期一次还本；

按面值发行公司债券 1 000 万元，票面利率 6%，筹资费用率 2%，企业所得税率 25%，任务实施过程如下：

（1）长期借款 1 000 万元，年利率 7%，每年付息一次，到期一次还本，其资本成本为：

$$K = \frac{i(1-T)}{1-f} = 7\% \times (1-25\%) = 5.25\%$$

（2）按面值发行公司债券 1 000 万元，票面利率 6%，筹资费用率 2%，企业所得税率 25%，其资本成本为：

$$K = \frac{I(1-T)}{P(1-f)} = \frac{6\% \times (1-25\%)}{(1-2\%)} = 4.59\%$$

四、任务评价

完成本任务后，请填写任务评价表，如表 3-10 所示。

表 3-10　任务评价表

班级：　　　　　　　　　　　姓名：　　　　　　　　　　　日期：

考核项目		考核内容	分值	评分				小计
				学生自评 20%	学生互评 20%	教师评价 40%	导师评价 20%	
课前	知识预习	认真自学微课与课本，预习相关知识	10					
课中	知识掌握	知晓债务筹资方式及其优缺点，掌握债务资本成本的计算方法	30					
	能力培养	能准确计算银行借款、公司债券的资本成本率	30					
	素质提升	增强风险管理和价值管理意识，遵守课堂纪律，学习积极主动	20					
课后	作业完成	完成老师布置的课后作业，巩固课中所学	10					
		总评	100	—	—	—	—	

综合评价：1. 优秀（≥90 分）　2. 良好（75~89 分）　3. 及格（60~74 分）　4. 不及格（<60 分）

任务四　股权筹资管理

一、任务布置

（一）任务场景

华信公司20×2年12月计划发行普通股，每股面值1元，溢价1.2元发行，筹资费用率4%，第一年年末估计股利支付率10%，以后每年增长2%；发行优先股，每股10元，每年支付股利1元，筹资费用率3%。

（二）任务清单

（1）计算该普通股资本成本；
（2）计算该优先股资本成本。

二、知识准备

（一）常见股权筹资方式

1. 吸收直接投资

（1）吸收直接投资的出资方式。

企业通过吸收直接投资方法筹集资金时，投资者可以用现金、厂房、机器设备、材料物资、无形资产等作价出资。出资方式主要有以下几种：以现金出资、以实物出资、以工业产权出资、以土地使用权出资。

（2）吸收直接投资的优缺点。

吸收直接投资的优缺点如表3-11所示。

表3-11　吸收直接投资的优缺点

优点	缺点
①能够尽快形成生产能力 ②容易进行信息沟通	①资本成本较高 ②容易分散控制权 ③不易进行产权交易

2. 发行普通股股票

（1）股票的特点与分类。

股票是股份公司为筹集资金而发行的有价证券，是持股人拥有公司股份的凭证，它表示了持股人在股份公司中拥有的权利和应承担的义务。股票按股东权利和义务的不同，有普通股和优先股之分。

◇**学中思**

【3-4】2023 年 2 月 17 日，中国证券监督管理委员会发布全面实行股票发行注册制相关制度规则，自公布之日起施行。请思考：什么是股票发行注册制？全面实行股票发行注册制会对中国资本市场带来什么积极影响？

（2）发行普通股股票的优缺点。

发行普通股股票的优缺点如表 3-12 所示。

表 3-12　发行普通股股票的优缺点

优点	缺点
①两权分离，有利于公司自主经营管理 ②能增强公司的社会声誉，促进股权流通和转让	①资本成本较高 ②不易及时形成生产能力

3. 优先股

（1）优先股的基本性质与分类。

相对于普通股而言，优先股的股利收益是事先约定的，也是相对固定的。优先股在年度利润分配和剩余财产清偿分配方面，具有比普通股股东优先的权利。优先股股东一般没有选举权和被选举权，对股份公司的重大经营事项无表决权，仅在股东大会表决与优先股股东自身利益直接相关的特定事项时，具有有限表决权。

（2）优先股的优缺点。

发行优先股筹资的优缺点如表 3-13 所示。

表 3-13　发行优先股筹资的优缺点

优点	缺点
①两权分离，有利于公司自主经营管理 ②增强公司的社会声誉，促进股权流通和转让	①资本成本较高 ②较普通股限制条款多

4. 留存收益

（1）留存收益的性质。

留存收益指企业从历年实现的净利润中提取或形成的留存于企业的内部积累。留存收益的目的是保证企业实现的净利润有一部分留存在企业，一方面可以满足企业维持或扩大生产经营活动的资金需要，另一方面也可以保证企业有足够的资金偿还债务或弥补以后年度可能出现的亏损。

(2) 留存收益的优缺点。

留存收益筹资的优缺点如表3-14所示。

表3-14 留存收益筹资的优缺点

优点	缺点
①不发生筹资费用 ②企业的控制权不受影响	筹资数额有限

(二) 股权筹资的优缺点

与债务筹资相比，股权筹资的优缺点如表3-15所示。

表3-15 股权筹资的优缺点

优点	缺点
①企业财务风险较小 ②股权筹资是企业良好的信誉基础 ③股权筹资是企业稳定的资本基础	①资本成本负担较重 ②容易分散企业的控制权 ③信息沟通与披露成本较大

(三) 股权筹资的资本成本

1. 优先股的资本成本

优先股资本成本的计算公式为：

$$K = \frac{D}{P(1-f)}$$

式中：K——优先股资本成本；

　　　D——优先股年股利额；

　　　P——优先股筹资总额（目前优先股市场价格）；

　　　f——优先股筹资费用率。

◇**学中做**

【3-5】某上市公司发行优先股10 000股，面值100元，年股利率为9%。该优先股溢价发行，价格为每股120元，发行时筹资费率为发行价的3%。

要求：计算优先股的资本成本。

【解答】

该优先股的资本成本为：

$$K = \frac{D}{P(1-f)} = \frac{100 \times 9\%}{120 \times (1-3\%)} = 7.73\%$$

2. 普通股的资本成本

（1）股利增长率模型。

假定资本市场有效，股票市场价格与价值相等。假定某股票本期支付的股利为 D_0，未来各期股利按照速度 G 永续增长。

则普通股资本成本的计算公式为：

$$K=\frac{D_1}{P(1-f)}+G=\frac{D_0\times(1+G)}{P(1-f)}+G$$

式中：K——普通股资本成本；

D_1——预期第 1 年普通股股利；

P——普通股筹资总额（目前股票市场价格）；

f——普通股筹资费用率；

G——普通股年股利增长率。

普通股的资本成本

◇学中做

【3-6】某公司普通股市价为 30 元，筹资费用率为 2%，本年发放现金股利每股 0.6 元，预计股利年增长率为 10%。

要求：计算普通股资本成本。

【解答】

该普通股资本成本率为：

$$K=\frac{D_0\times(1+G)}{P(1-f)}+G=\frac{0.6\times(1+10\%)}{30\times(1-2\%)}+10\%=12.24\%$$

（2）资本资产定价模型。

假定资本市场有效，股票市场价格与价值相等。假定无风险收益率为 R_f，市场平均收益率 R_m，某股票贝塔系数为 β，则普通股资本成本的计算公式为：

$$K=R_f+\beta(R_m-R_f)$$

◇学中做

【3-7】某公司的普通股系数 β 为 1.5，此时一年期国债利率为 5%，市场平均收益率为 15%。

要求：计算普通股资本成本。

【解答】

该普通股资本成本为：

$$K=R_f+\beta(R_m-R_f)=5\%+1.5\times(15\%-5\%)=20\%$$

3. 留存收益的资本成本

留存收益是企业的可用资金，它属于全部普通股股东，其实质是普通股股东对企业的追加投资。留存收益资本成本计算时一般参照普通股股东的期望收益，即普通股资本成本，但它不会发生筹资费用。

（1）当股利固定时，其计算公式为：

$$K = \frac{D}{P}$$

（2）当股利固定增长时，其计算公式为：

$$K = \frac{D_1}{P} + G = \frac{D_0 \times (1+G)}{P} + G$$

式中：K——留存收益资本成本，其余同普通股。

> ◇学中做
>
> 【3-8】某公司发行普通股的当前股价为10元/股，本期已支付的现金股利为2元/股，未来各期股利按每年2%的速度持续增长。
>
> 要求：计算公司留存收益的资本成本。
>
> 【解答】
>
> 留存收益的资本成本为：
>
> $$K = \frac{D_0 \times (1+G)}{P} + G = \frac{2 \times (1+2\%)}{10} + 2\% = 22.4\%$$

三、任务实施

（1）发行普通股，每股面值1元，溢价1.2元发行，筹资费用率4%，第一年年末估计股利支付率10%，以后每年增长2%，第一年年末的股利＝面值×股利支付率，故其资本成本率：

$$K = \frac{1 \times 10\%}{1.2 \times (1-4\%)} + 2\% = 10.68\%$$

（2）发行优先股，每股10元，每年支付股利1元，筹资费用率3%，其资本成本率：

$$K = \frac{1}{10 \times (1-3\%)} = 10.31\%$$

四、任务评价

完成本任务练习后，请填写任务评价表，如表3-16所示。

表 3-16　任务评价表

班级：　　　　　　　　　　　　姓名：　　　　　　　　　　　　日期：

考核项目		考核内容	分值	评分				小计
				学生自评 20%	学生互评 20%	教师评价 40%	导师评价 20%	
课前	知识预习	认真自学微课与课本，预习相关知识	10					
课中	知识掌握	知晓股权筹资方式及其优缺点，掌握股权资本成本的计算方法	30					
	能力培养	能准确计算普通股、优先股、留存收益资本成本率	30					
	素质提升	增强风险管理和价值管理意识，遵守课堂纪律，学习积极主动	20					
课后	作业完成	完成老师布置的课后作业，巩固课中所学	10					
		总评	100	—	—	—	—	

综合评价：1. 优秀（≥90 分）2. 良好（75～89 分）3. 及格（60～74 分）4. 不及格（<60 分）

任务五　资本结构决策

一、任务布置

（一）任务场景

20×3 年华信公司拟筹资 1 000 万元投资一项目。现有 A、B 两个备选筹资方案。筹资方案资料如表 3-17 所示。

表 3-17　筹资方案资料

筹资方式	A 方案		B 方案	
	筹资额/万元	资本成本/%	筹资额/万元	资本成本/%
普通股	200	13	500	12
公司债券	200	12	300	10

续表

筹资方式	A 方案 筹资额/万元	A 方案 资本成本/%	B 方案 筹资额/万元	B 方案 资本成本/%
长期借款	600	10	200	9
合计	1 000		1 000	

（二）任务清单

（1）计算两种方案的平均资本成本；

（2）选择最优筹资方案。

二、知识准备

（一）平均资本成本的计算

平均资本成本是以各种资本所占的比重为权数，对各种资本成本进行加权平均计算出来的，所以又称加权平均资本成本。其计算公式为：

$$K_w = \sum_{j=1}^{n} K_j W_j$$

式中：K_w——平均资本成本（加权平均资本成本）；

K_j——第 j 种资金的资本成本；

W_j——第 j 种资金占全部资金的比重。

在测算公司平均资本成本时，资本结构或各种资本在全部资本中所占的比例起着决定作用。公司各种资本的比例则取决于各种资本价值的确定。各种资本价值的确定基础主要有三种：账面价值、市场价值和目标价值。账面价值是各项个别资本的会计报表账面价值，市场价值是各项个别资本的现行市价，目标价值则是各项个别资本预计的未来价值。

三种价值权重优缺点如表 3-18 所示。

表 3-18 三种价值权重优缺点

价值权重		优缺点
账面价值	优点	①资料容易取得 ②计算结果比较稳定
	缺点	①当账面价值与市场价值差距较大时，不能反映筹集资本的机会成本 ②不适合评价现时的资本结构
市场价值	优点	反映现时的资本成本水平
	缺点	现行市价经常变动，且只反映现时的资本结构，不适用于未来的筹资决策

续表

价值权重		优缺点
目标价值	优点	适用于未来的筹资决策
	缺点	目标价值的确定具有主观性

◇ **学中做**

【3-9】某公司20×2年期末的长期资本账面总额1 000万元，其中，银行长期贷款400万元，占40%；长期债券150万元，占15%；普通股450万元，占45%；长期贷款、长期债券和普通股的个别资本成本分别为：5%、6%、9%。

要求：按照账面价值权数计算该公司的平均资本成本。

【解答】该公司的平均资本成本是：

$$K_w = 5\% \times 40\% + 6\% \times 15\% + 9\% \times 45\% = 6.95\%$$

（二）杠杆效应

财务管理中用杠杆原理来描述一个量的变动会引起另一个量的更大变动。财务管理中的杠杆有经营杠杆、财务杠杆和总杠杆。

1. 经营杠杆

经营杠杆是由于固定性经营成本的存在，企业的资产报酬（息税前利润EBIT）的变动率大于产销业务量变动率的现象。经营杠杆反映了资产报酬的波动性，用以评价企业的经营风险。

通常用息税前利润表示资产总报酬，其计算方式如下：

$$\text{EBIT} = (P-V)Q - F$$

式中：EBIT——息税前利润；

P——销售单价；

V——单位变动成本；

Q——产销业务量；

F——固定性经营成本。

测算经营杠杆效应程度，常用指标为经营杠杆系数。经营杠杆系数，也称经营杠杆率（DOL），是指息税前利润的变动率相对于产销业务量变动率的比值。其定义公式为：

$$\text{经营杠杆系数（DOL）} = \frac{\text{息税前利润变动率}}{\text{产销业务量变动率}} = \frac{\Delta \text{EBIT}/\text{EBIT}}{\Delta Q/Q} = \frac{\text{EBIT}+F}{\text{EBIT}}$$

◇ **学中做**

【3-10】若企业基期固定成本为200万元，基期息税前利润为300万元。

要求：计算经营杠杆系数（DOL）。

【解答】

$$经营杠杆系数（DOL）=\frac{EBIT+F}{EBIT}=\frac{300+200}{300}=1.67$$

2. 财务杠杆

财务杠杆是由于固定性资本成本的存在，企业的普通股收益（每股收益 EPS）的变动率大于息税前利润变动率的现象。财务杠杆反映了权益资本报酬的波动性，用以评价企业的财务风险。

财务杠杆系数，也称财务杠杆率（DFL），是指普通股每股利润的变动率相对于息税前利润变动率的比值。其公式为：

$$财务杠杆系数（DFL）=\frac{普通股每股利润变动率}{息税前利润变动率}=\frac{\Delta EPS/EPS}{\Delta EBIT/EBIT}=\frac{EBIT}{EBIT-I}$$

式中：EBIT——息税前利润；

I——利息费用。

◇ **学中做**

【3-11】某公司基期息税前利润 1 100 万元，基期利息费用为 400 万元，假设与财务杠杆相关的其他因素保持不变。

要求：计算该公司计划期的财务杠杆系数（DFL）。

【解答】

$$财务杠杆系数（DFL）=\frac{EBIT}{EBIT-I}=\frac{1\ 100}{1\ 100-400}=1.57$$

3. 总杠杆

总杠杆效应，是在固定性经营成本和固定性资本成本的共同作用下，每股收益综合杠杆系数，也称复合杠杆系数，又称总杠杆系数（DTL），是经营杠杆系数和财务杠杆系数的乘积，是指普通股每股利润变动率相对于产销业务量变动率的倍数。其定义公式为：

$$总杠杆系数（DTL）=\frac{普通股每股利润变动率}{产销业务量变动率}=DOL \times DFL=\frac{EBIT+F}{EBIT-I}$$

◇ **学中做**

【3-12】某公司基期有关数据如下：息税前利润为 40 万元，固定成本总额为 10 万元，利息费用为 4 万元。

要求：不考虑其他因素，计算该公司的总杠杆系数（DTL）。

【解答】

$$总杠杆系数（DTL）=\frac{EBIT+F}{EBIT-I}=\frac{40+10}{40-4}=1.39$$

（三）资本结构

1. 资本结构的含义

资本结构，是指企业各种资本的构成及其比例关系。资本结构是企业筹资决策的核心问题，企业应综合考虑有关影响因素，运用适当的方法确定最佳资本结构，并在以后追加筹资中继续保持。

2. 资本结构影响因素

影响资本结构的因素包括：

(1) 企业财务状况；

(2) 企业资产结构；

(3) 企业产品销售情况；

(4) 投资者和管理人员的态度；

(5) 贷款人和信用评级机构的影响；

(6) 行业因素；

(7) 所得税税率的高低；

(8) 利率水平的变动趋势。

◇ **学中思**

【3-5】2020年3月27日召开的中央政治局会议提出："要充分发挥再贷款再贴现、贷款延期还本付息等金融政策的牵引带动作用，疏通传导机制，缓解融资难融资贵，为疫情防控、复工复产和实体经济发展提供精准金融服务。"请思考：这些政策会对企业的筹资带来哪些有利影响？

3. 资本结构优化

资本结构优化，是指权衡企业筹资成本和财务风险的关系，以实现低资本成本和高股东权益，同时能控制财务风险，最终目的是降低平均资本成本率或提高企业价值。资本结构优化的方法包括每股收益分析法、平均资本成本比较法、公司价值分析法。

(1) 每股收益分析法。

每股收益分析法可以用每股收益的变化来衡量资本结构是否合理，即能够提高普通股每股收益的资本结构，就是合理的资本结构。因此，在不同方案间比较时，要选择能够使每股收益最大的方案。每股收益分析法的计算有以下两步：

①找到每股收益无差别点。每股收益无差别点就是不同筹资方案下，每股收益相等时的息税前利润或业务量水平（销售收入）。列出等式，比较方案一与方案二，求解 $\overline{EBIT}$（每股收益无差别点）。

$$\frac{(\overline{EBIT}-I_1)\times(1-T)-DP_1}{N_1}=\frac{(\overline{EBIT}-I_2)\times(1-T)-DP_2}{N_2}$$

式中：$\overline{EBIT}$——息税前利润平衡点，即每股收益无差别点；

I_1 和 I_2——两种筹资方式下的债务利息；

DP_1 和 DP_2——两种筹资方式下的优先股股利；

N_1 和 N_2——两种筹资方式下的普通股股数；

T——所得税税率。

②比较预计的 EBIT（或销售收入）与计算出的无差别点，决定应选择的筹资方案。当企业预期的 EBIT 大于计算出的每股收益无差别点时，应选择债务筹资方案；当企业预期的 EBIT 小于计算出的每股收益无差别点时，应选择股权筹资方案。

当企业需要的资本额较大时，可能会采用多种筹资方式筹资。这时，需要详细比较分析各种筹资方式下的资本成本及对每股收益的影响，选择每股收益最高的筹资方式。

◇ 学中做

【3-13】某公司目前有债务资金2 000万元（年利息200万元），普通股资本3 000万元（3 000万股，面值1元）。公司由于扩大经营规模，需要追加筹资1 500万元，所得税税率25%，不考虑筹资费用。有两种筹资方案：

A方案：增发普通股300万股，每股发行价5元；

B方案：平价发行面值为1 500万元的公司债券，票面利率10%。

要求：假定企业预期息税前利润为3 800万元，根据以上资料，对两种筹资方案进行选择。

【解答】

$$\frac{(\overline{EBIT}-200)\times(1-25\%)}{(3\,000+300)}=\frac{(\overline{EBIT}-200-1\,500\times10\%)\times(1-25\%)}{3\,000}$$

由上式求出，$\overline{EBIT}$为1 850万元。

企业预期的 EBIT 高于算出的每股收益无差别点，应选择 B 筹资方案。在 EBIT 为 3 800万元时，A方案的 EPS 为0.82元，B方案的 EPS 为0.86元。

(2) 平均资本成本比较法。

平均资本成本比较法，是通过计算和比较各种可能的筹资组合方案的平均资本成本，选择平均资本成本最低的方案。这种方法侧重于从资本投入的角度对筹资方案和资本结构进行优化分析。

该方法通俗易懂，计算方法也比较简单，是确定资本结构的一种常用方法。

（3）公司价值分析法。

以上两种方法都是从账面价值的角度进行资本结构优化分析，没有考虑市场反应，即没有考虑风险因素。公司价值分析法，是在考虑市场风险的基础上，以公司价值为标准，进行资本结构优化的方法。在公司总价值最大的资本结构下，公司的资本成本也一定是最低的。

$$公司的市场价值 V = 债务的市场价值 B + 权益的市场价值 S$$

$$加权平均资本成本 = 税前债务成本 \times (1-T) \times \frac{B}{V} + 权益资本成本 \times \frac{S}{V}$$

◆ 学中做

【3-14】某公司债务资金市场价值500万元，平均债务税后利息率为7%，所得税税率为25%，权益资金市场价值2 000万元，普通股的资本成本为15%。

要求：计算公司价值分析法下加权平均资本成本。

【解答】

$$加权平均资本成本 = 7\% \times \frac{500}{500+2\,000} + 15\% \times \frac{2\,000}{500+2\,000} = 1.4\% + 12\% = 13.4\%$$

三、任务实施

任务场景中，A方案中普通股、公司债券、长期借款筹资额分别为200万元、200万元和600万元，资本成本分别为：13%、12%、10%；B方案中普通股、公司债券、长期借款筹资额分别为500万元、300万元和200万元，资本成本分别为：12%、10%、9%。具体实施过程如下：

（1）计算两种方案的平均资本成本：

$$A 方案的平均资本成本 = 13\% \times \frac{200}{1\,000} + 12\% \times \frac{200}{1\,000} + 10\% \times \frac{600}{1\,000} = 11\%$$

$$B 方案的平均资本成本 = 12\% \times \frac{500}{1\,000} + 10\% \times \frac{300}{1\,000} + 9\% \times \frac{200}{1\,000} = 10.8\%$$

（2）按照平均资本成本比较法，应选择平均资本成本最低的方案，故应选择B方案。

四、任务评价

完成本任务后，请填写任务评价表，如表3-19所示。

表 3-19 任务评价表

班级：　　　　　　　　　　姓名：　　　　　　　　　　日期：

考核项目		考核内容	分值	评分				小计
				学生自评 20%	学生互评 20%	教师评价 40%	导师评价 20%	
课前	知识预习	认真自学微课与课本，预习相关知识	10					
课中	知识掌握	掌握平均资本成本的计算方法，了解杠杆效应，知晓资本结构的含义和优化	30					
课中	能力培养	能计算平均资本成本，会分析杠杆效应，能优化企业资本结构	30					
	素质提升	增强风险管理和价值管理意识，遵守课堂纪律，学习积极主动	20					
课后	作业完成	完成老师布置的课后作业，巩固课中所学	10					
总评			100	—	—	—	—	

综合评价：1. 优秀（≥90 分） 2. 良好（75~89 分） 3. 及格（60~74 分） 4. 不及格（<60 分）

项目公式如表 3-20 所示。

表 3-20 项目公式

项目	公式
资金需要量（因素分析法）	（基期资金平均占用额-不合理资金占用额）×(1+预测期销售增长率)×(1+预测期资金周转速度增长率)
销售百分比法	外部筹资额=新增资产-新增负债-新增所有者权益
资本成本一般模式	$\dfrac{\text{资金占用费}}{\text{筹资总额-资金筹集费}} \times 100\%$
银行借款资本成本	$K = \dfrac{I(1-T)}{P(1-f)} = \dfrac{i(1-T)}{1-f}$
公司债券资本成本	$K = \dfrac{I(1-T)}{P(1-f)} = \dfrac{B \times i(1-T)}{P(1-f)}$
优先股资本成本	$K = \dfrac{D}{P(1-f)}$

续表

项目	公式
普通股资本成本 （股利增长率模型）	$K=\dfrac{D_1}{P(1-f)}+G=\dfrac{D_0(1+G)}{P(1-f)}+G$
普通股资本成本 （资本资产定价模型）	$K=R_f+\beta(R_m-R_f)$
留存收益资本成本	$K=\dfrac{D}{P}\quad K=\dfrac{D_1}{P}+G$
平均资本成本	$K_w=\sum\limits_{j=1}^{n}K_jW_j$
经营杠杆系数	$\dfrac{\text{息税前利润变动率}}{\text{产销业务量变动率}}=\dfrac{\Delta EBIT/EBIT}{\Delta Q/Q}=\dfrac{EBIT+F}{EBIT}$
财务杠杆系数	$\dfrac{\text{普通股每股利润变动率}}{\text{息税前利润变动率}}=\dfrac{\Delta EPS/EPS}{\Delta EBIT/EBIT}=\dfrac{EBIT}{EBIT-I}$
总杠杆系数	$\dfrac{\text{普通股每股利润变动率}}{\text{产销业务量变动率}}=DOL\times DFL=\dfrac{EBIT+F}{EBIT-I}$
每股收益分析法	$\dfrac{(\overline{EBIT}-I_1)(1-T)-DP_1}{N_1}=\dfrac{(\overline{EBIT}-I_2)(1-T)-DP_2}{N_2}$

项目测评

一、单项选择题

1. 企业要充分利用各种筹资渠道，选择经济、可行的资金来源所涉及的筹资管理原则是（　　）。

　　A. 筹措合法　　　　　　B. 规模适当　　　　　C. 取得及时　　　　　D. 来源经济

2. 相对于股权融资而言，长期银行借款筹资的缺点是（　　）。

　　A. 财务风险大　　　　　　　　　　　B. 筹资速度快

　　C. 稳定公司的控制权　　　　　　　　D. 资本成本低

3. 下列各项中，属于吸收直接投资与债务筹资相比的优点的是（　　）。

　　A. 资本成本低　　　　　　　　　　　B. 企业控制权集中

　　C. 财务风险低　　　　　　　　　　　D. 有利于发挥财务杠杆作用

4. 下列关于发行普通股筹资的特点中，不正确的是（　　）。

　　A. 两权结合，有利于公司自主经营管理

　　B. 没有固定的股息负担，资本成本较高

　　C. 资本成本较高

D. 相对吸收直接投资方式来说，不易及时形成生产能力

5. 采用销售百分比法预测资金需要量时，下列各项中，属于非敏感性项目的是（　　）。

　　A. 现金　　　　　　B. 存货　　　　　　C. 长期借款　　　　D. 应付账款

二、多项选择题

1. 下列关于资本成本的概念，表述正确的是（　　）。

　　A. 资本成本是一种机会成本

　　B. 资本成本是指可以从现有资产获得的，符合投资者期望的最低报酬率

　　C. 任何投资项目的投资报酬率必须高于其资本成本

　　D. 在数量上资本成本等于企业为筹集和使用资金所付出的代价

2. 在资本成本计算中，需要考虑筹资费用的是（　　）。

　　A. 长期借款资本成本　　　　　　　　B. 公司债券资本成本

　　C. 留存收益资本成本　　　　　　　　D. 普通股资本成本

3. 下列关于资本成本的说法中正确的有（　　）。

　　A. 资本成本是企业为筹集和使用资金而付出的代价

　　B. 资本成本是企业投资者对所投入资本的最低要求报酬率

　　C. 资本成本的计算主要使用相对比率

　　D. 资本成本可被视为项目投资或者使用资金的机会成本

4. 影响企业加权平均资本成本的直接因素有（　　）。

　　A. 个别资本成本的高低　　　　　　　B. 资本结构

　　C. 融资期限　　　　　　　　　　　　D. 融资总额

5. 计算加权平均资本成本时，个别资本占全部资本的比重可以使用哪些价值确定？（　　）

　　A. 市场价值　　　　B. 账面价值　　　　C. 目标价值　　　　D. 内在价值

三、判断题

1. 资本成本的计算结果会影响企业的筹资决策，但不会影响其投资决策。（　　）

2. 资本成本是投资者对投资项目所要求的最低报酬率。（　　）

3. 普通股不用支付固定的股息，所以其资本成本较低。（　　）

4. 长期借款由于借款期限长、风险大，因此其资本成本也较高。（　　）

5. 可以根据债券股票的市场价格确定其所占全部资金的比重，计算加权平均资本成本。（　　）

四、思考题

1. 什么是资本成本？资本成本在财务决策中的作用如何？

2. 为什么股权筹资的资本成本一般高于债务筹资的资本成本？

3. 为什么留存收益不需要对外筹集，仍然存在资本成本？
4. 计算加权平均资本的账面价值、市场价值和目标价值有何不同？
5. 每股收益分析法的计算步骤和决策标准是什么？

五、计算分析题

1. 某公司20×2年预计营业收入为60 000万元，预计销售净利率为20%，股利支付率为40%。据此测算该公司20×3年内部资金来源的金额。

2. 甲企业上年度资金平均占用额为20 000万元，经分析其中不合理部分为800万元，由于经济萎缩，预计本年度销售下降6%，资金周转放缓2%，预测年度资金需要量。

3. 某公司拟筹资4 000万元，其融资组合方案是：（1）按面值发行债券1 000万元，预计筹资费用率为2%，债券年利率为6%；（2）发行优先股1 000万元，年股息率10%，预计筹资费用率为3%；（3）发行普通股融资1 000万元，预计筹资费用率为8%，且假定第一年预期股利率为6%，以后每年平均增长2%。如果该公司适用的所得税率为25%。要求：

（1）计算债券的资本成本；
（2）计算优先股的资本成本；
（3）计算普通股资本成本。

4. 某企业拟筹资2 500万元。以1 000万元的价格溢价发行面值为900万元债券，筹资费用率为2%，债券年利率为8%，所得税税率为25%；发行优先股500万元，年股利率为10%，筹资费用率为1%；发行普通股1 000万元，筹资费用率为10%，第一年预期股利率为8%，以后每年增长3%。要求：

（1）计算债券的资本成本；
（2）计算优先股的资本成本；
（3）计算普通股资本成本；
（4）测算该筹资组合的平均资本成本。

5. 某公司拟筹资2 000万元投资一项目。现有A、B两个备选方案。有关资料如下表所示：

筹资方式	A方案 筹资额/万元	A方案 资本成本/%	B方案 筹资额/万元	B方案 资本成本/%
普通股	1 000	13	600	12
公司债券	400	12	600	10
长期借款	600	10	800	9
合计	2 000		2 000	

运用平均资本成本比较法，选择最优筹资方案。

项目四

营运资金管理

项目描述

营运资金管理是对企业流动资产及流动负债的管理。企业要维持正常的运转就必须拥有适量的营运资金，因此，营运资金管理是企业财务管理的重要组成部分，关系到企业的经营效率和效果。要搞好营运资金管理，必须做好营运资金运用的管理和资金筹措的管理，这是营运资金管理的核心内容。

学习目标

知识目标

1. 了解营运资金管理的内容、原则和策略；
2. 掌握现金的持有动机、成本和最佳持有量的确定方法；
3. 掌握应收账款的成本和信用政策的决策方法；
4. 掌握存货的成本和经济批量的确定方法；
5. 掌握短期借款和商业信用的成本及优缺点。

能力目标

1. 能测算最佳现金持有量；
2. 能进行信用政策决策；
3. 能确定存货经济批量；
4. 能对企业营运资金进行全面分析并做出决策。

素质目标

1. 培养学生爱岗敬业、细心踏实、精益管理的职业精神；
2. 培养学生合理运用资金精打细算生活的良好品质。

思维导图

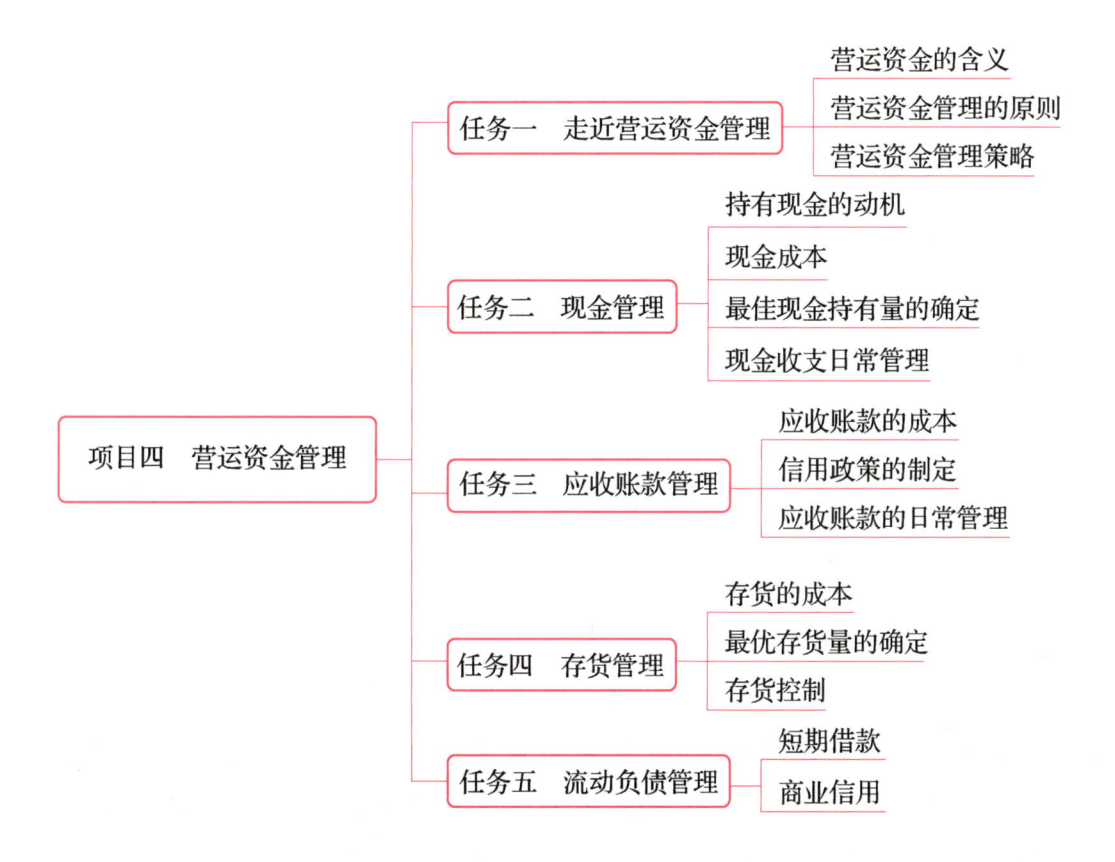

```
                                            ┌── 营运资金的含义
                              任务一 走近营运资金管理 ─┼── 营运资金管理的原则
                                            └── 营运资金管理策略

                                            ┌── 持有现金的动机
                              任务二 现金管理 ─┼── 现金成本
                                            ├── 最佳现金持有量的确定
                                            └── 现金收支日常管理

项目四 营运资金管理 ─┤                          ┌── 应收账款的成本
                              任务三 应收账款管理 ─┼── 信用政策的制定
                                            └── 应收账款的日常管理

                                            ┌── 存货的成本
                              任务四 存货管理 ─┼── 最优存货量的确定
                                            └── 存货控制

                              任务五 流动负债管理 ─┬── 短期借款
                                            └── 商业信用
```

项目导入

56.45 元揪出"粮耗子"

"把算盘打得叮当响，不承想却失去更多……"近日，四川省剑阁县兴粮公司已退休的出纳伏某红在法庭上泣不成声。据了解，因犯贪污罪，伏某红被判处有期徒刑二年八个月，并处罚金人民币 20 万元。

之前，剑阁县纪委监委梳理粮食购销领域专项巡察反馈问题时，发现兴粮公司已退休出纳伏某红在 2021 年 1 月至 7 月期间，涉嫌多次挪用公款，并使用其中部分公款理财。不过，数据显示其仅获利 56.45 元。56.45 元的数额虽然小，但利用职务便利挪用公款的违纪违法行为却是事实。

经剑阁县纪委监委调查核实，伏某红伙同会计蒲某莉利用单位财务管理制度漏洞，几年间合伙贪污公款 82 万元。伏某红个人还贪污公款 9 万元。最终，伏某红受到法律制裁，并被

取消退休待遇，与之同案的蒲某莉也被开除党籍，因犯贪污罪被判处有期徒刑三年，并处罚金 20 万元。

依托此案，剑阁县纪委监委发挥查办案件综合效应，在全县开展粮食购销领域以案促改以及粮食购销领域腐败问题专项整治工作。截至目前，共立案查处粮食购销领域案件 13 件，给予党纪政务处分 12 人，组织处理 10 人，移送审查起诉 2 人。

（文章来源：中央纪委国家监委网站）

◇ 头脑风暴

结合上述出纳违规事件，谈一谈企业该如何加强现金管理。

任务一　走近营运资金管理

一、任务布置

（一）任务场景

华信公司经过不断发展，公司规模快速扩张，该公司的管理层已经认识到企业要成功必定要有良好的营运资金策略做依托，企业管理层想方设法提高营运资金利用水平，但同时也面临着许多问题，比如需要留多少流动资产才能确保后期的发展不受阻碍？当债务到期时有没有能力如期偿还？这时就需要科学制定营运资金的管理策略，既可以让公司盈利，又可以保有一定的偿债能力，制定管理策略的意义不言而喻。

（二）任务清单

华信公司应该如何制定营运资金的管理策略？

二、知识准备

（一）营运资金的含义

营运资金，是指投入日常经营活动（营业活动）的资金。营运资金有广义和狭义之分，广义的营运资金是指一个企业流动资产的总额；狭义的营运资金是指流动资产减去流动负债后的余额。通常我们所提到的营运资金主要是指狭义的营运资金。

营运资金管理包括流动资产管理与流动负债管理，前者是对营运资金运用的管理，后者是对营运资金筹措的管理。

1. 流动资产

流动资产，是指可以在一年或者超过一年的一个营业周期内变现或运用的资产，主要包括现金、交易性金融资产、应收及预付款项和存货等。

与固定资产相比，流动资产具有以下特点：周转速度快、变现能力强、占用形态多样性、占用数量波动性。

2. 流动负债

流动负债，是指将在一年或超过一年的一个营业周期内必须偿还的债务，主要包括短期借款、应付账款、应付票据和预收账款等。

流动负债即营运资金筹资，与非流动负债相比，具有以下特点：速度快、弹性大、成本低、风险大。

（二）营运资金管理的原则

营运资金在企业的全部资产中占有相当大的比重，具有周转期短、形态易变的特点，因此，营运资金管理是企业财务管理工作的一项重要内容。企业进行营运资金管理，应遵循以下原则：

1. 合理确定营运资金的需要数量

企业既要保证有足够的营运资金满足生产经营的需要，又要保证能按时偿还到期的债务，所以应认真分析生产经营状况，把满足正常、合理的资金需求作为首要任务。

2. 提高资金使用效率

营运资金的周转是指从现金投入生产经营开始，到最后转化为现金的过程。为了提高资金使用效率，企业就要缩短营业周期，加速存货、应收账款等流动资产的周转，加速变现过程。

3. 节约资金使用成本

在营运资金管理中，处理好保障生产经营需要和节约资金使用成本两者之间的关系对于企业至关重要。在保证生产经营需要的前提下，企业要加速资金周转，提高资金使用效率，还要降低资金筹措成本，合理配置资源。

4. 维持短期偿债能力

短期偿债能力是指企业以流动资产偿还流动负债的能力，它反映企业偿付日常到期债务的能力。一般来说，企业的流动资产较多，流动负债较少，则短期偿债能力较强；但流动资产太多，流动负债太少，也不是正常现象。所以，企业要维持短期偿债能力，必须合理确定流动资产、流动负债以及两者之间的比例关系。

（三）营运资金管理策略

营运资金管理策略包括营运资金投资策略和营运资金筹资策略，即企业需要拥有多少流

动资产及如何为需要的流动资产筹资。

1. 营运资金投资策略

营运资金的投资策略主要解决在既定的总资产水平下，企业确定持有多少流动资产的问题。流动资产投资策略包括紧缩型流动资产投资策略、宽松型流动资产投资策略、适中型流动资产投资策略。

（1）紧缩型流动资产投资策略。紧缩型流动资产投资策略包括企业持有的现金和小额有价证券较少；尽可能减少存货；采用严格的销售信用政策或禁止赊销。在该策略下，企业维持较低的流动资产和销售收入比率。这种策略的特点是收益高、风险大。

（2）宽松型流动资产投资策略。宽松型流动资产投资策略包括企业持有的现金、有价证券和存货较多，采用赊销或给客户宽松的付款条件。在该策略下，企业维持较高的流动资产与销售收入比率。这种策略的特点是收益低、风险低。

（3）适中型流动资产投资策略。适中型流动资产投资策略要求企业在保持销售水平一定的情况下，权衡得失，确立适中的流动资产投资，既不过高也不过低。这种策略的特点是收益和风险平衡。

> ◇ 学中思
>
> 【4-1】《孟子》的"鱼和熊掌不可得兼，舍鱼而取熊掌者也"，说明人生有"舍"也有"得"；唐朝韩愈《君子法天运》的"利害有常势，取舍无定姿"，指出利益与损害总有固定的形式，如何取舍却没有一定脉络。请思考：企业制定营运资金的管理策略时该如何平衡"舍"与"得"？

2. 营运资金筹资策略

按照资产的流动性，可以把企业的资产分为流动资产和非流动资产。按照流动资产的用途可以进一步划分为波动性流动资产和永久性流动资产。波动性流动资产又称临时性流动资产，是指受季节性、周期性影响的流动资产，如季节性存货、销售旺季的应收账款等，其占用量随当时的需求而波动；永久性流动资产是指企业为持续经营而必须持有的最低限额的现金、存货以及应收账款等，其占用量是相对稳定的。

与流动资产的分类相对应，流动负债也可以分为临时性流动负债和自发性流动负债。临时性流动负债，又称为筹资性流动负债，是指为了满足临时性流动资金需要所发生的负债，如商业零售企业春节前为满足节日销售需要，超量购入货物而举借的短期银行借款，一般只能供企业短期使用；自发性流动负债，又称为经营性流动负债，是指直接产生于企业持续经营中的负债，如商业信用筹资和日常运营中产生的应付款项，可供企业长期使用。

企业的营运资金筹资策略就是对非流动资产、永久性流动资产和波动性流动资产的资金来源进行管理。根据资产的期限结构与资金来源的期限结构的匹配程度差异，营运资金筹资策略可以分为期限匹配型、保守型和激进型三种筹资策略。可供选择的营运资金筹资策略如

图 4-1 所示。

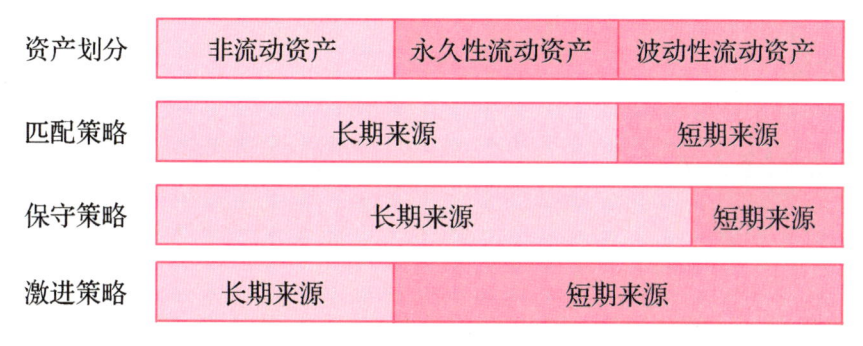

资产划分	非流动资产	永久性流动资产	波动性流动资产
匹配策略	长期来源		短期来源
保守策略	长期来源		短期来源
激进策略	长期来源	短期来源	

图 4-1 可供选择的营运资金筹资策略

（1）期限匹配型筹资策略。

期限匹配型筹资策略，是指波动性流动资产所需要的资金通过临时性流动负债筹集，非流动资产与永久性流动资产所需要的资金通过自发性流动负债、长期负债和权益资本筹集。

在这种策略下，企业收益与风险适中，是一种理想的筹资策略，现实中很难实现。

（2）保守型筹资策略。

保守型筹资策略，是指企业用临时性流动负债筹资来支持部分波动性流动资产，其余波动性流动资产、永久性流动资产和非流动资产所需要的资金通过自发性流动负债、长期负债和权益资本筹集。

在这种策略下，企业通常最小限度地使用短期融资，会导致融资成本较高，收益较低。

◇ **学中做**

【4-1·单选题】某公司资产总额为 8 000 万元，其中永久性流动资产为 1 400 万元，波动性流动资产为 1 600 万元，该公司长期资金来源金额为 7 100 万元，不考虑其他情形，可以判断该公司的筹资策略属于（   ）。

A. 期限匹配筹资策略

B. 激进筹资策略

C. 保守筹资策略

D. 风险匹配筹资策略

【解答】答案为 C。

资产总额为 8 000 万元，长期资金来源为 7 100 万元，短期资金来源为 900 万元（即 8 000-7 100=900 万元），小于波动性流动资产，说明"长资短用"，是保守型筹资策略。

（3）激进型筹资策略。

激进型筹资策略，是指企业不仅用临时性流动负债筹资来支持波动性流动资产，还用临时性流动负债筹资来支持部分永久性流动资产，甚至用临时性流动负债筹资来支持非流动资产的筹资策略。

在该策略下，企业通常使用较多的短期融资，融资成本低，收益高，但风险高。

三、任务实施

作为华信公司的财务人员：

首先，应认真分析企业营运资金管理的目标。不同的政策下，达到的营运资金管理目标也是不同的。

其次，应考虑公司的战略目标。华信公司在制定营运资金政策的时候，一定要站在战略目标的视角认真考虑，营运资金的好坏将影响着企业是否能够盈利，是否能够增加企业价值等。

所以，华信公司在不同的发展阶段选择的策略应有所不同，该选哪种管理策略，应视企业所处的环境和发展状况而定，选择有利于企业长远利益的管理策略。

四、任务评价

完成本任务后，请填写任务评价表，如表 4-1 所示。

表 4-1 任务评价表

班级：　　　　　　　　　　姓名：　　　　　　　　　　日期：

考核项目		考核内容	分值	评分				小计
				学生自评 20%	学生互评 20%	教师评价 40%	导师评价 20%	
课前	知识预习	认真自学微课与课本，预习相关知识	10					
课中	知识掌握	了解流动资产、流动负债的含义、特点，掌握营运资金管理的原则和策略	30					
	能力培养	能判断企业营运资金投资、筹资策略类型	30					
	素质提升	团队合作，遵守课堂纪律，学习积极主动	20					
课后	作业完成	完成老师布置的课后作业，巩固课中所学	10					
		总评	100	—	—	—	—	

综合评价：1. 优秀（≥90分） 2. 良好（75~89分） 3. 及格（60~74分） 4. 不及格（<60分）

任务二　现金管理

一、任务布置

（一）任务场景

为了对现金有较好的管理，华信公司财务人员提供相关资料如下：

（1）A、B、C 三种现金持有备选方案如表 4-2 所示。

表 4-2　现金持有备选方案

项目	A 方案	B 方案	C 方案
现金持有量/万元	1 000	2 000	4 000
机会成本率/%	10	10	10
管理成本/万元	100	100	100
短缺成本/万元	150	100	50

（2）华信公司现金收支状况比较平衡，预计全年现金总需求量为 2 000 万元，现金与有价证券的转换成本为 100 元，有价证券的年利率为 10%（1 年按 360 天计算）。

（二）任务清单

（1）运用成本分析模式，选择现金最佳备选方案；
（2）运用存货模式，确定最佳现金持有量。

二、知识准备

现金是指企业的货币资产，它有广义和狭义之分。广义的现金是指企业在生产经营过程中以货币形式存在的资金，包括库存现金、银行存款和其他货币资金。狭义的现金仅指库存现金。这里所讲的现金是指广义的现金。持有一定数量的现金是企业组织生产经营活动的必要条件，也是稳定经营、降低财务风险、增强偿债能力的基础。但是持有过多的现金，即闲置资金过多，则会使企业的收益降低，因为现金不能为企业直接赚取收益。

（一）持有现金的动机

企业持有一定数量的现金主要基于三个方面的动机：交易动机、预防动机和投机动机。

1. 交易动机

交易动机，即企业为了维持日常业务周转而保持现金的动机。企业虽然经常发生收入和

支出，但现金收入和现金支出在数额上不相等、在时间上不匹配，所以企业必须持有一定的现金以满足日常业务的现金支出需要。

2. 预防动机

预防动机，即企业为应付突发事件而需要保持的现金支付能力。企业的经济环境和经济活动日趋复杂，其通常难以对现金需求量作出准确的估计和预期。

3. 投机动机

投机动机，即企业为了抓住各种瞬息即逝的市场机会、获取较大的利益而准备的现金金额。投机动机只是企业确定现金余额时所需考虑的次要因素之一，其持有量大小往往与企业在金融市场的投资机会及企业对待风险的态度有关。

（二）现金成本

现金成本包括机会成本、管理成本、短缺成本和转换成本。

1. 机会成本

现金的机会成本，是指企业因持有一定现金余额而丧失的再投资收益。丧失的再投资收益是企业不能同时使用该现金进行有价证券投资所产生的机会成本，该成本在数额上等于资本成本。机会成本属于变动成本，与现金持有量成正比例关系。机会成本的计算公式为：

$$机会成本 = 现金持有量 \times 有价证券利率（报酬率）$$

◇**学中做**

【4-2】某公司现金持有量为400 000元，现金管理费用为30 000元，公司当年的有价证券利率为10%，现金与有价证券之间的转换成本为20 000元。

要求：计算该公司当年持有现金的机会成本。

【解答】

持有现金的机会成本 = 400 000×10% = 40 000（元）

2. 管理成本

现金的管理成本是指企业因持有一定数量的现金而发生的管理费用，例如，管理人员的工资、安全措施费用等。一般认为这是一种固定成本，在一定范围内和现金持有量之间没有明显的比例关系。

3. 短缺成本

现金的短缺成本是指在现金持有量不足，又无法及时通过有价证券变现补充而给企业造成的损失，包括直接损失与间接损失。现金的短缺成本属于变动成本，与现金持有量成反比例变动关系，即随现金持有量的增加而下降，随现金持有量的减少而上升。

4. 转换成本

现金的转换成本是现金与有价证券之间转换的交易费用。转换成本属于变动成本，与现金持有量成反比例变动关系，即现金持有量越少，需要转换的次数就越多，相应的转换成本就越大；相反，转换成本就越小。

◇ **学中思**

【4-2】现金是流动性最强、收益最低的资产。请思考：为何称"现金为王"？该如何理解适度持有现金的辩证关系？

（三）最佳现金持有量的确定

确定现金持有量的模式主要有成本分析模式和存货模式。

1. 成本分析模式

成本分析模式是通过分析企业持有现金的各相关成本，测算各相关成本之和最小时的现金持有量的一种方法。在该模式下，考虑机会成本、管理成本、短缺成本。

管理成本属于固定成本，机会成本是正相关成本，短缺成本是负相关成本。因此，成本分析模式是要找到机会成本、管理成本和短缺成本所组成的总成本曲线中最低点所对应的现金持有量，把它作为最佳现金持有量。成本分析模式的现金持有总成本如图4-2所示。

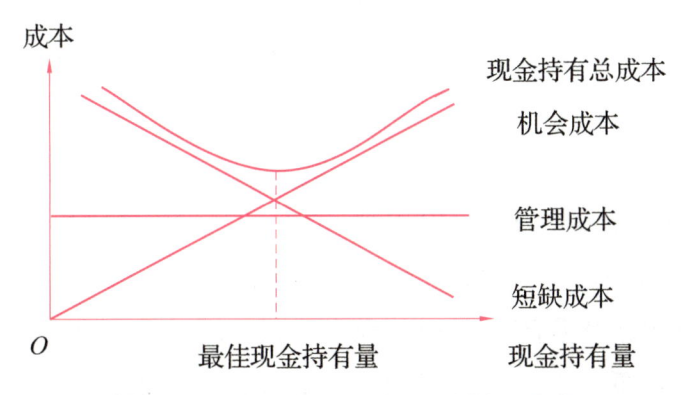

图 4-2　成本分析模式的现金持有总成本

计算公式为：

最佳现金持有量下的现金持有总成本 = min（管理成本 + 机会成本 + 短缺成本）

在实际工作中运用成本分析模式确定最佳现金持有量的具体步骤为：

（1）根据不同现金持有量测算并确定现金成本数值；

（2）按照不同现金持有量及其相关成本资料编制最佳现金持有量测算表；

（3）在测算表中找出现金持有总成本最低时的现金持有量，即最佳现金持有量。

◇ **学中做**

【4-3】某公司有三种现金持有方案，现金持有量、机会成本、管理成本及短缺成本信息如表4-3所示。

表4-3 三种现金持有方案　　　　　　　　　　　　　　　　　单位：元

名称	现金持有量	机会成本	管理成本	短缺成本
A方案	50 000	5 000	20 000	6 750
B方案	70 000	7 000	20 000	2 500
C方案	100 000	10 000	20 000	0

要求：该公司现金管理采用成本分析模式，计算最佳现金持有量。

【解答】

A方案现金持有总成本＝5 000+20 000+6 750＝31 750（元）

B方案现金持有总成本＝7 000+20 000+2 500＝29 500（元）

C方案现金持有总成本＝10 000+20 000＝30 000（元）

B方案现金持有总成本最低，所以最佳现金持有量为70 000元。

2. 存货模式

存货模式是借用存货管理经济批量公式来确定最佳现金持有量的一种方法。

该模式应满足以下假设：

（1）不存在现金短缺；

（2）企业预算期内现金需要总量可以预测；

（3）有价证券的报酬率及每次固定性转换费用可以获悉。

在假设条件下，该模式涉及的决策相关成本为机会成本和转换成本，企业现金持有量越高，现金的转换成本就越低，但现金的机会成本会越高。反之，现金的转换成本就越高，但现金的机会成本就越低。由此可见，机会成本和转换成本成反向变动关系，两者此起彼伏。

现金管理总成本公式为：

现金管理总成本＝机会成本+转换成本

$$TC = \frac{Q}{2} \times K + \frac{T}{Q} \times F$$

式中：T——一个周期内现金总需求量；

F——每次出售证券以补充现金所需的转换成本；

Q——最佳现金持有量（每次证券变现的数量）；

K——有价证券利息率；

TC——现金管理总成本。

存货模式现金持有量确定

存货模式的现金持有总成本如图 4-3 所示。

由图 4-3 可知，持有现金的机会成本与证券变现的转换成本相等时，现金管理的总成本最低，此时的现金持有量为最佳现金持有量。

最佳现金持有量的公式为：

$$Q = \sqrt{\frac{2TF}{K}}$$

最低现金管理总成本的公式为：

$$TC = \sqrt{2TFK}$$

现金转换次数的公式为：

$$转换次数 = \frac{T}{Q}$$

转换成本的公式为：

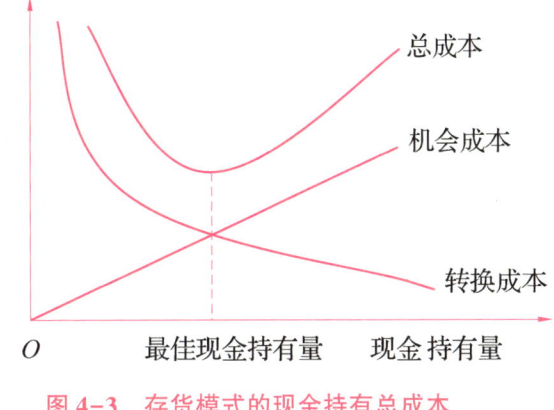

$$转换成本 = \frac{T}{Q} \times F$$

机会成本的公式为：

$$机会成本 = \frac{Q}{2} \times K$$

图 4-3　存货模式的现金持有总成本

◇学中做

【4-4】根据有关资料分析，某公司全年现金需求量为 3 600 万元，每次现金转换的成本为 0.2 万元，持有现金的机会成本率为 10%。某公司使用存货模式确定最佳现金持有量。

要求：

1. 计算最佳现金持有量；
2. 计算最佳现金持有量下的现金转换次数；
3. 计算最佳现金持有量下的现金转换成本；
4. 计算最佳现金持有量下持有现金的机会成本；
5. 计算最佳现金持有量下的相关总成本。

【解答】

该题目中，$T = 3\,600$ 万元，$F = 0.2$ 万元，$K = 10\%$

1. 最佳现金持有量 $= \sqrt{\dfrac{2TF}{K}} = \sqrt{\dfrac{2 \times 3\,600 \times 0.2}{10\%}} = 120$（万元）

2. 现金转换次数 $= \dfrac{T}{Q} = 3\,600 \div 120 = 30$（次）

3. 现金转换成本 = $\frac{T}{Q} \times F$ = 30×0.2 = 6（万元）

4. 现金的机会成本 = $\frac{Q}{2} \times K$ = 120÷2×10% = 6（万元）

5. 相关总成本 = 转换成本+机会成本 = 6+6 = 12（万元）

或者相关总成本 = $\sqrt{2TFK}$ = $\sqrt{2 \times 3\,600 \times 0.2 \times 10\%}$ = 12（万元）

（四）现金收支日常管理

1. 现金周转期

现金周转期，是指介于企业支付现金与收到现金之间的时间段，它等于经营周期减去应付账款周转期。

企业的经营周期是指从取得存货开始到销售存货并收回现金为止的时期。其中，从收到原材料、加工原材料、形成产成品，到将产成品卖出的这一时期，称为存货周转期；从产品卖出后到收到货款的这一时期，称为应收账款周转期；从企业购进材料到支付货款的这一时期，称为应付账款周转期。

营运资金周转期示意如图4-4所示。

图4-4 营运资金周转期示意

经营周期 = 存货周转期+应收账款周转期

现金周转期 = 经营周期-应付账款周转期 = 存货周转期+应收账款周转期-应付账款周转期

其中：

存货周转期 = 平均存货余额/每天的销货成本

应收账款周转期 = 应收账款平均余额/每天的销货收入

应付账款周转期 = 应付账款平均余额/每天的购货成本

如果要减少现金周转期，可以从以下方面着手：加快制造与销售产成品来缩短存货周转期；加速应收账款的回收来缩短应收账款周转期；减缓支付应付账款来延长应付账款周转期。

◇**学中做**

【4-5】某公司存货周转期为45天，应收账款周转期为60天，应付账款周转期为40天。

要求：计算现金周转期。

【解答】

现金周转期=存货周转期+应收账款周转期-应付账款周转期=45+60-40=65（天）

2. 日常管理

做好现金的日常管理主要从收款管理和付款管理两个方面着手。企业加强收款管理，就必须具备一个高效率的收款系统，使收款成本和收款浮动期达到最小，同时能够保证与客户汇款及其他现金流入来源相关的信息质量。

现金的付款管理，又称现金的支出管理，主要任务是尽可能延缓现金的支出时间。也就是说，在不损害企业信誉的条件下，尽可能推迟现金的支出。当然，这种推迟需要合理合法。

◇**学中思**

【4-3】利用现金管理知识，请思考：你如何看待年轻人的"月光族"现象？应该如何避免成为"月光族"？

三、任务实施

通过上述的学习，可以解析任务场景中的问题：

（1）根据资料计算最佳现金持有量。

成本分析模式下的成本资料如表4-4所示。

表4-4 成本资料　　　　　　　　　　　　　　　单位：万元

项目	A方案	B方案	C方案
机会成本	100（1 000×10%）	200（2 000×10%）	400（4 000×10%）
管理成本	100	100	100
短缺成本	150	100	50
总成本	350	400	550

根据以上计算结果，华信公司利用成本分析模式确定A方案成本最低，所以A、B、C三个备选方案中选择A方案最合适。

（2）任务场景中，华信公司预计全年现金总需求量为2 000万元，现金与有价证券的转换成本为100元，有价证券的年利率为10%。存货模式下，最佳现金持有量及现金管理总成本计算过程如下所示：

最佳现金持有量 $Q = \sqrt{\dfrac{2 \times 2\,000 \times 0.01}{10\%}} = 20$（万元）

现金管理总成本 $TC = \sqrt{2 \times 2\,000 \times 0.01 \times 10\%} = 2$（万元）

四、任务评价

完成本任务后，请填写任务评价表，如表4-5所示。

表4-5 任务评价表

班级：　　　　　　　　　　姓名：　　　　　　　　　　日期：

考核项目		考核内容	分值	评分				小计
				学生自评 20%	学生互评 20%	教师评价 40%	导师评价 20%	
课前	知识预习	认真自学微课与课本，预习相关知识	10					
课中	知识掌握	掌握现金的持有动机、成本和最佳持有量的确定方法	30					
	能力培养	能计算成本分析模式下和存货模式下的最佳现金持有量，能计算现金周转期	30					
	素质提升	团队合作，遵守课堂纪律，学习积极主动	20					
课后	作业完成	完成老师布置的课后作业，巩固课中所学	10					
总评			100	—	—	—	—	

综合评价：1. 优秀（≥90分） 2. 良好（75~89分） 3. 及格（60~74分） 4. 不及格（<60分）

任务三　应收账款管理

一、任务布置

（一）任务场景

华信公司变动成本率为65%，有价证券利率为20%，公司的收账政策不变，固定成本不

变，有 A、B 两个信用政策方案可供选择。信用政策方案表如表 4-6 所示。

表 4-6　信用政策方案表　　　　　　　　　　　　　　　单位：万元

项目	A 方案（$n/30$）	B 方案（$n/60$）
年赊销额	2 400	2 640
坏账损失	48	79.2
收账费用	24	40

由表 4-6 的数据可知，华信公司采取逐渐宽松的信用政策，所以销售量有所增加，但坏账损失也有所增加。如果华信公司选择了 B 方案，为了加速应收账款的回笼，决定将信用条件改为"2/10，1/20，$n/60$"。预计 60%的客户会在第 10 天付款，15%的客户会在第 20 天付款。坏账损失率降低为 2%，收账费用降低为 30 万元。

(二) 任务清单

(1) 评价华信公司的两种方案，选出最佳方案；

(2) 如果华信公司选择了 B 方案，分析是否应改变赊销条件。

二、知识准备

应收账款是企业因对外赊销产品或材料、供应劳务等原因，应向购货方或接受劳务单位收取而未收取的款项。企业通过提供商业信用，采用赊销、分期付款等方式，可以加速产品销售，增强竞争力，但企业的应收账款也会发生一些成本。应收账款管理就是在应收账款所增加的盈利和所增加的成本之间作出权衡。

(一) 应收账款的成本

应收账款的成本是企业持有应收账款而付出的代价。应收账款的相关成本主要有：

1. 机会成本

企业发生应收账款，就代表着应收账款资金被客户占用，从而丧失了用于其他投资并可能获得收益的机会。这种因持有应收账款而放弃的投资收益，即为应收账款的机会成本。

其计算公式如下：

(1) 计算应收账款平均余额。

应收账款平均余额＝日赊销额×平均收现期＝年赊销额÷应收账款周转次数

(2) 计算应收账款占用资金。

应收账款占用资金＝应收账款平均余额×变动成本率

(3) 计算应收账款占用资金的应计利息（机会成本）。

应收账款占用资金的应计利息＝应收账款占用资金×资本成本率

2. 管理成本

应收账款的管理成本主要是指在进行应收账款管理时所发生的耗费。主要包括调查顾客信用状况的费用、收集各种信息的费用、催收账款的费用和相关管理成本等。应收账款的管理成本一般为固定成本。

3. 坏账成本

坏账成本是由于种种原因导致应收账款无法收回而发生的损失。应收账款数额越大，坏账成本越大；反之，则会越小。对于应收账款来说，最大的风险就是坏账损失，企业应尽量防范。坏账成本用预计坏账损失率预估，计算公式为：

$$应收账款的坏账成本 = 赊销额 \times 预计坏账损失率$$

> ◇ **学中做**
>
> 【4-6】某公司预计下年度赊销额为 1 800 万元，应收账款周转天数为 90 天（一年按 360 天计算），变动成本率为 60%，资本成本率为 10%，预计坏账损失率为 2%。
>
> 要求：计算应收账款的机会成本、坏账成本。
>
> 【解答】
>
> 应收账款周转次数 = 360/90 = 4（次）
>
> 应收账款平均余额 = 1 800/4 = 450（万元）
>
> 应收账款占用资金 = 450×60% = 270（万元）
>
> 应收账款机会成本 = 270×10% = 27（万元）
>
> 应收账款坏账成本 = 1 800×2% = 36（万元）

（二）信用政策的制定

应收账款的信用政策是指企业基于对客户资信情况的认定而给予客户赊销方面的优惠，包括信用标准、信用条件和收账政策三个方面。

1. 信用标准

信用标准是指客户获得企业提供信用所必须达到的最低信用水平。一般以预计的坏账损失率作为判断标准。

信用标准制定得过高，会减少坏账损失，减少应收账款的机会成本，但同时也会减少销售，从而影响企业的市场竞争力；信用标准制定得过低，虽然有利于销售，但会增加应收账款的成本。所以，企业应根据具体情况进行合理评价和判断。

2. 信用条件

信用条件是企业要求赊购客户支付货款的条件，包括信用期限和折扣条件。

（1）信用期限。

信用期限是指企业允许客户从购货到付款之间的时间，一般简称为信用期。信用期延长，

会增加销售额，但应收账款成本也会增加。信用期的确定，主要是分析改变现行信用期对收入和成本的影响。

信用期限决策过程为：

①计算各备选方案的信用成本。

$$信用成本 = 机会成本 + 坏账成本 + 收账费用$$

$$机会成本 = 全年赊销额/360 \times 平均收现期 \times 变动成本率 \times 资本成本率$$

$$坏账成本 = 赊销额 \times 预计坏账损失率$$

②计算各备选方案的税前收益。

$$税前收益 = 销售收入 - 变动成本 - 固定成本 - 信用成本$$

③决策。

选择扣除信用成本后收益最大的方案。

◇ **学中做**

【4-7】某公司只生产销售一种产品，每年赊销额为240万元，该公司产品变动成本率为80%，资本成本率为25%。公司现有A、B两种收账政策可供选用，A政策：平均收账期为60天，坏账损失率为3%，年收账费用为1.8万元；B政策：平均收账期为45天，坏账损失率为2%，年收账费用为3.2万元。

要求：为该公司做出决策，选出最优收账政策。

【解答】

A政策：

机会成本 = 240/360×60×80%×25% = 8（万元）

坏账成本 = 240×3% = 7.2（万元）

信用成本 = 8+7.2+1.8 = 17（万元）

税前收益 = 240−240×80%−17 = 31（万元）

B政策：

机会成本 = 240/360×45×80%×25% = 6（万元）

坏账成本 = 240×2% = 4.8（万元）

信用成本 = 6+4.8+3.2 = 14（万元）

税前收益 = 240−240×80%−14 = 34（万元）

B政策下的税前收益大于A政策，所以该公司应选择B政策。

（2）折扣条件。

折扣条件包括折扣期限和现金折扣两个方面。折扣期限是为顾客规定的可享受现金折扣的付款时间。现金折扣是在顾客提前付款时给予的优惠。例如，"5/10、3/20、n/30"表示信用期限为30天，如果客户在10天内付款，可享受5%的价格优惠；在20天内付款，可享受

3%的价格优惠；超过20天，不享受优惠，应在30天内足额付款。

现金折扣是与信用期限结合使用的，所以确定折扣程度的方法与程序实际上与前述确定信用期间的方法与程序一致，不过要把所提供的延期付款时间和折扣综合起来，计算各方案的延期与折扣能取得多大的收益增量，再计算各方案带来的成本变化，最终确定最佳方案。

◇ 学中做

【4-8】某公司信用政策为"2/20，1/30，n/40"，有30%的客户在20天内付款，有40%的客户在30天内付款，采用新信用政策后预计销售收入为840万元。

要求：计算平均收现期及折扣成本。

【解答】

平均收现期 = 20×30% + 30×40% + 40×30% = 30（天）

折扣成本 = 840×（30%×2% + 40%×1%）= 8.4（万元）

3. 收账政策

收账政策，是指当客户违反信用条件时企业所采取的收账策略与措施。如果企业采取较积极的收账政策，可能会减少应收账款投资，减少坏账损失，但要增加收账成本；如果采用较消极的收账政策，可能会增加应收账款投资，增加坏账损失，但会减少收账费用。所以企业需要做出权衡。

企业一般可以参照评价信用标准、信用条件的方法来评价收账政策。

（三）应收账款的日常管理

企业应收账款的日常管理重在预防出现坏账，主要包括：

1. 调查客户信用

信用调查是指收集和整理反映客户信用状况资料的工作。它是企业应收账款日常管理的基础，是正确评价客户信用的前提条件。

企业通过直接调查和间接调查取得客户信用资料，并建立数据库，为信用评估打下良好的基础。

2. 评价客户信用

收集好信用资料以后，就可以对这些资料进行分析、评价。在信用等级方面，目前主要有两种做法：

（1）三类九等，即将企业的信用状况分为AAA、AA、A、BBB、BB、B、CCC、CC、C九个信用等级，其中AAA为信用最优等级，C为信用最低等级；

（2）三级制，即将企业信用情况分为AAA、AA、A三个信用等级。也可结合其主要财务指标，评价客户的信用水平。

3. 收账的日常管理

应收账款发生后，企业通常采取寄发账单、电话催收、派人上门催收、法律诉讼等方式

进行催收应收账款,尽量争取按期收回款项,否则会使企业蒙受损失。

企业制定收账政策,应权衡收账费用和所减少的坏账损失,根据应收账款总成本最小化的原则,比较各收账方案成本的大小对其加以选择。

4. 应收账款保理

应收账款保理是指企业将赊销形成的未到期应收账款在满足一定条件的情况下,转让给保理商以获得保理商的流动资金支持,加快资金周转。对于企业而言,通过应收账款保理业务可以进行融资,减轻应收账款的管理负担,减少坏账损失,降低经营风险,从而改善企业的财务结构。

> ◇ 学中思
>
> 【4-4】2021年1月1日起施行的《中华人民共和国民法典》首次在法律层面明确了保理合同,使保理合同从"无名合同"变为"有名合同"。请思考:《中华人民共和国民法典》的施行对企业应收账款保理有哪些影响?对个人有何意义?

三、任务实施

任务场景中华信公司变动成本率为65%,有价证券利率为20%,A、B方案资料如下:

A方案($n/30$):年赊销额为2 400万元,坏账损失为48万元,收账费用为24万元;

B方案($n/60$):年赊销额为2 640万元,坏账损失为79.20万元,收账费用为40万元。

(1)不同信用政策下各因素数值以及计算出的净收益如表4-7所示。

表4-7 不同信用政策下各因素数值以及计算出的净收益　　　　　单位:万元

项目	A方案	B方案
年赊销额	2 400	2 640
变动成本	2 400×65%=1 560	2 640×65%=1 716
信用成本前收益	2 400-1 560=840	2 640-1 716=924
信用成本:		
机会成本	2 400÷360×30×65%×20%=26	2 640÷360×60×65%×20%=57.2
坏账损失	48	79.2
收账费用	24	40
小计	98	176.40
信用成本后收益	742	747.60

从以上分析可以看出,华信公司应选择B方案。

(2)任务场景中华信公司选择了B方案,为了加速应收账款的回笼,决定将信用条件改

为"2/10，1/20，n/60"。预计60%的客户会在第10天付款，15%的客户会在第20天付款。坏账损失率降低为2%，收账费用降低为30万元。信用条件改变后计算出的净收益如表4-8所示。

表4-8 信用条件改变后计算出的净收益　　　　　　单位：万元

项目	B方案	信用条件改变后B方案
年赊销额	2 640	2 640
变动成本	2 640×65%＝1 716	1 716
信用成本前收益	2 640－1 716＝924	2 640－1 716＝924
平均收账期	60	60%×10+15%×20+25%×60＝24
信用成本：		
机会成本	2 640÷360×60×65%×20%＝57.2	2 640÷360×24×65%×20%＝22.88
坏账损失	79.2	2 640×2%＝52.8
收账费用	40	30
现金折扣成本	0	2 640×（60%×2%+15%×1%）＝35.64
小计	176.40	141.32
信用成本后收益	747.60	782.68

由以上分析可以看出，华信公司信用条件改变以后的收益为782.68万元，比原来收益（747.60万元）提高了，因此，建议华信公司改变赊销条件。

四、任务评价

完成本任务后，请填写任务评价表，如表4-9所示。

表4-9 任务评价表

班级：　　　　　　　　　姓名：　　　　　　　　　日期：

考核项目		考核内容	分值	评分				小计
				学生自评20%	学生互评20%	教师评价40%	导师评价20%	
课前	知识预习	认真自学微课与课本，预习相关知识	10					
课中	知识掌握	掌握应收账款的成本和信用政策的决策方法	30					

续表

考核项目		考核内容	分值	评分				小计
				学生自评 20%	学生互评 20%	教师评价 40%	导师评价 20%	
课中	能力培养	能计算税前收益，做出信用期限和现金折扣的决策	30					
	素质提升	团队合作，遵守课堂纪律，学习积极主动	20					
课后	作业完成	完成老师布置的课后作业，巩固课中所学	10					
总评			100	—	—	—	—	

综合评价：1. 优秀（≥90分） 2. 良好（75~89分） 3. 及格（60~74分） 4. 不及格（<60分）

任务四　存货管理

一、任务布置

（一）任务场景

华信公司每年耗用甲材料 36 000 千克，平均每次的订货费用为 24 元，年存储成本为 30 元/千克，平均采购价格为 20 元/千克。

（二）任务清单

（1）请运用存货管理的方法，确定甲材料的经济批量；
（2）确定甲材料经济批量下的总成本。

二、知识准备

存货是指企业在生产经营过程中为了生产和销售而储备的各种物资，主要包括企业的原材料、辅助材料、燃料、包装物、低值易耗品、在产品、产成品等。存货种类较多，在流动资产中所占比重较大，且分布在生产经营的各个环节，具有较强的流动性。存货管理的目标就是在保证生产或销售需要的前提下最大限度地降低存货成本。

（一）存货的成本

存货的成本包括取得成本、储存成本和缺货成本。

1. 取得成本

取得成本是为取得某种存货而发生的成本，由订货成本和购置成本构成。

（1）订货成本。

订货成本是指企业为取得存货订单的成本，如办公费、差旅费、邮资、电话费、运输费等支出。订货成本分为固定成本和变动成本。固定成本与订货次数无关，例如，专设采购机构的基本开支等，是存货决策中的无关成本；变动成本与订货次数有关，例如，差旅费、邮资、电话费等，是存货决策中的相关成本。

（2）购置成本。

购置成本是指为购买存货本身所支出的成本，即存货的买价，经常用数量与单价的乘积来确定。在无商业折扣的情况下，购置成本与采购次数无关，是存货决策中的无关成本。

订货成本加上购置成本就等于存货的取得成本，可表示为：

$$存货取得成本＝订货成本＋购置成本$$

2. 储存成本

储存成本是指存货在储存过程中发生的费用。储存成本分为固定成本与变动成本。固定储存成本与存货数量的多少无关，例如，仓库折旧、仓库职工的固定工资等，该成本与决策无关；变动储存成本与存货的数量有关，如存货资金的应计利息、存货的破损和变质损失、存货的保险费用等，该成本是决策的相关成本。

3. 缺货成本

缺货成本是指由于存货不足而造成的损失，包括材料供应中断造成的停工损失、产成品库存缺货造成的拖欠发货损失、丧失销售机会的损失以及造成的商誉损失等。

企业存货管理的最优化，就是使企业存货总成本即取得成本、储存成本和缺货成本之和最小。

（二）最优存货量的确定

1. 经济批量

存货的经济批量又称最佳经济批量。经济批量法主要应用于外购材料和外购商品。

2. 假设条件

（1）存货的流转比较均衡；

（2）企业一定时期内的存货需求总量能准确预测；

（3）存货价格稳定，且不考虑商业折扣；

（4）无缺货现象，即无缺货成本；

（5）市场货源充足，并能集中到货；

（6）进货日期完全由企业自行决定，并且采购不需要时间；

（7）企业现金充足，不会因现金短缺而影响进货。

3. 计算公式

企业在满足以上假设条件的情况下，存货的购置成本和缺货成本都不是决策的相关成本，相关成本仅包括变动订购成本和变动储存成本。

变动订购成本计算公式为：

$$变动订购成本 = \frac{D}{Q} \times K$$

变动储存成本计算公式为：

$$变动储存成本 = \frac{Q}{2} \times P$$

存货总成本计算公式为：

$$存货总成本 = \frac{D}{Q} \times K + \frac{Q}{2} \times P$$

式中：D——存货年需要量；

Q——每次最佳经济批量；

K——每次的订货成本（进货费用）；

P——单位变动储存成本。

存货成本与订货批量关系如图4-5所示。

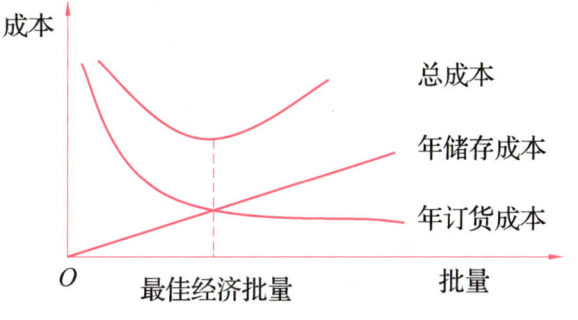

图4-5 存货成本与订货批量关系

只要这两部分成本之和最小，就能保证存货成本最小，相关总成本最小时的订货批量即为最佳经济批量。此时，

$$最佳经济批量\ Q = \sqrt{\frac{2DK}{P}}$$

$$经济批量总成本\ TC = \sqrt{2DKP}$$

$$全年最佳订货次数\ F = \frac{D}{Q} = \sqrt{\frac{DP}{2K}}$$

$$经济批量平均资金占用额 = \frac{Q}{2} \times C$$

存货最佳经济批量

式中：C——单位采购价格。

◇学中做

【4-9】 某公司每年耗用钢材4 500吨，该钢材的计划单价为每吨2 000元，每次订货成本为1 500元，每吨钢材的储存成本平均每年150元。

要求：

1. 计算最佳经济批量；

2. 计算经济批量总成本；

3. 计算全年最佳订货次数；

4. 计算经济批量平均资金占用额。

【解答】

该题目中，$D=4\,500$ 吨，$K=1\,500$ 元，$P=150$ 元，$C=2\,000$ 元

1. 最佳经济批量 $=\sqrt{\dfrac{2DK}{P}}=\sqrt{\dfrac{2\times 4\,500\times 1\,500}{150}}=300$（吨）

2. 经济批量总成本 $=\sqrt{2DKP}=\sqrt{2\times 4\,500\times 1\,500\times 150}=45\,000$（元）

3. 全年最佳订货次数 $=\dfrac{D}{Q}=\dfrac{4\,500}{300}=15$（次）

4. 经济批量平均资金占用额 $=\dfrac{Q}{2}\times C=\dfrac{300\times 2\,000}{2}=300\,000$（元）

（三）存货控制

存货控制是指如何取得、管理存货，使存货在使用和周转过程中相关成本最小、效益最大。存货控制方法有 ABC 分类管理、适时制库存管理等。

1. ABC 分类管理

存货 ABC 分类管理指将存货按重要程度、价值或资金占用等标准，分为 A 类、B 类和 C 类三个等级：

A 类存货，金额占全部存货的 50%~70%，品种数量占全部存货的 10%~15%。

B 类存货，金额占全部存货的 15%~20%，品种数量占全部存货的 20%~25%。

C 类存货，金额占全部存货的 10%~35%，品种数量占全部存货的 60%~70%。

针对不同类别的存货采用不同的管理方法：A 类存货应重点控制、严格管理；B 类和 C 类存货的重视程度则可依次降低，采取一般管理。

2. 适时制库存管理

适时制库存管理（JIT）又称零库存管理、看板管理系统。基本思想是"只在需要的时候，按需要的量，生产所需的产品"，旨在追求无库存或库存达到最小的生产系统。JIT 以订单为驱动，通过看板，采用拉动方式把供、产、销环节紧密地衔接起来，使物资储备、成本库存和在产品大大减少，是一种理想的生产方式。

◆ 学中思

【4—5】存货管理对企业很重要。请思考："零库存"思想能否洋为中用？

三、任务实施

根据存货经济批量基本模型，可以解析【任务场景】中的问题：

$$最佳经济批量 = \sqrt{\frac{2 \times 36\,000 \times 24}{30}} = 240（千克）$$

$$经济批量相关总成本 = \sqrt{2 \times 36\,000 \times 24 \times 30} = 7\,200（元）$$

四、任务评价

完成本任务后，请填写任务评价表，如表 4-10 所示。

表 4-10　任务评价表

班级：　　　　　　　　姓名：　　　　　　　　日期：

考核项目		考核内容	分值	评分				小计
				学生自评 20%	学生互评 20%	教师评价 40%	导师评价 20%	
课前	知识预习	认真自学微课与课本，预习相关知识	10					
课中	知识掌握	掌握存货的成本和最佳经济批量的确定方法	30					
	能力培养	能运用存货成本计算公式，计算最佳经济批量	30					
	素质提升	团队合作，遵守课堂纪律，学习积极主动	20					
课后	作业完成	完成老师布置的课后作业，巩固课中所学	10					
总评			100	—	—	—	—	

综合评价：1. 优秀（≥90 分） 2. 良好（75~89 分） 3. 及格（60~74 分） 4. 不及格（<60 分）

任务五　流动负债管理

一、任务布置

(一) 任务场景

华信公司20×3年需要向企业外部筹资2 500万元，公司计划以发行普通股方式筹集1 500万元，负债方式筹集1 000万元，其中筹集短期债务资金300万元，满足流动资金周转的需要；筹集长期债务资金700万元，满足增加新型设备的资金需要。在本任务中仅讨论短期资金300万元的筹集问题。华信公司计划全部以短期负债的方式解决，经讨论，有以下两种备选筹集方式：

（1）向商业银行取得短期借款300万元，利率为6%，期限1年，银行要求保留20%的补偿性余额。

（2）公司的材料供应商飞扬公司同意以"2/10，n/50"的信用条件向华信公司销售原材料。

(二) 任务清单

对于短期负债资金，华信公司选择哪种方式比较合适？

二、知识准备

企业在生产经营过程中，有许多因素都会使其出现临时资金短缺的问题，运用短期筹资是企业处理这类问题最适宜的方法。短期筹资主要包括短期借款和商业信用。

(一) 短期借款

短期借款是企业为解决短期资金需求，向银行或其他金融机构申请借入期限在1年以内（含1年）的款项。企业举借短期借款，首先应向银行等金融机构提出申请，经审查同意后，借贷双方签订借款合同，办理借款手续，然后取得借款。

1. 短期借款的信用条件

（1）信贷额度。

信贷额度即贷款限额，是指企业与银行在协议中规定的允许借款人借款的最高限额，信用额度的有效期限通常为1年。一般情况下，在信贷额度内企业可以随时按需要支用借款。但银行并不承担必须支付全部信贷额度的义务。如果企业信誉恶化，即使在信贷额度内，企业也可能得不到借款。此时，银行不会承担法律责任。

（2）周转信贷协定。

周转信贷协定是指银行从法律上承诺向企业提供不超过某一最高限额的贷款协定，是一种正式的具有法律约束的信用额度形式。在周转信贷协定中，只要企业的借款总额未超过最高限额，银行必须满足企业任何时候提出的借款要求。企业享用周转信贷协定，应按使用贷款的实际资金额向银行支付相应的利息。此外，还要针对贷款限额未使用部分付给银行一笔承诺费，这是银行向企业提供此项贷款的一种附加条件。

（3）补偿性余额。

补偿性余额是指银行要求借款企业在银行中保持按贷款限额或实际借用额的一定百分比（通常为10%~20%）计算的最低存款余额。从银行的角度讲，补偿性余额可降低贷款风险，补偿其可能遭受的贷款损失；但对借款企业来说，补偿性余额则提高了借款的实际利率，加重了企业的利息负担。补偿性余额条件下借款实际利率公式为：

$$实际利率 = \frac{利息支出}{借款金额-补偿性余额} \times 100\% = \frac{名义利率}{1-补偿性余额比率} \times 100\%$$

◇ **学中做**

【4-10】某公司按年利率8%向银行借款100万元，银行要求保留20%的补偿性余额。

要求：计算该项借款的实际利率。

【解答】

该项借款的实际利率为：

$$实际利率 = \frac{8\%}{1-20\%} \times 100\% = 10\%$$

（4）借款抵押。

为了降低风险，银行发放贷款时往往需要有抵押品担保。短期借款的抵押品主要有应收账款、存货、应收票据、债券等。银行将根据抵押品面值的30%~90%发放贷款，具体比例取决于抵押品的变现能力和银行对风险的态度。

（5）偿还条件。

贷款的偿还分为在贷款期内定期（每月、季）等额偿还和到期一次偿还两种方式。一般来讲，企业采用等额偿还方式提高借款的实际年利率，多支付利息；采用到期一次偿还方式降低实际贷款利率，但加重企业的财务负担。

（6）其他承诺。

银行有时还会要求企业为取得贷款而作出其他承诺，例如，及时提供财务报表、保持适当的财务水平（如特定的流动比率）等。当企业违背所作出的承诺时银行可要求企业立即偿还全部贷款。

2. 短期借款的成本

短期借款的成本主要包括利息、手续费等。短期借款成本的高低主要取决于贷款利率的

高低和利息的支付方式。短期借款利息的支付方式有收款法、贴现法和加息法三种，付息方式不同，短期借款的实际利率也有所不同。

（1）收款法。

收款法又称利随本清法，是指借款企业在借款到期时一次性向银行支付利息的方式。一般企业贷款都采用这种方法。采用收款法时，借款的名义利率（约定利率）等于其实际利率。

（2）贴现法。

贴现法又称折价法，是指银行向企业发放贷款时先从本金中扣除利息部分，到期时企业偿还全部贷款本金的利息支付方式。在这种利息支付方式下，企业可以利用的贷款额只是贷款本金减去利息部分后的差额，因此贷款的实际利率要高于名义利率。贴现法下，短期借款实际利率的计算公式为：

$$实际利率=\frac{利息}{借款本金-利息}\times100\%=\frac{名义利率}{1-名义利率}\times100\%$$

◇ 学中做

【4-11】某公司向银行借款500万元，期限一年，名义利率为10%，利息50万元，按照贴现法计息。

要求：计算该项借款的实际利率。

【解答】

$$实际利率=\frac{50}{500-50}\times100\%=11.11\%$$

（3）加息法。

加息法是指银行发放分期等额偿还贷款时采用的利息收取方法。由于贷款本金分期均衡偿还，贷款企业实际上只平均使用了贷款本金的一半，却支付了全额利息。这样企业所负担的实际利率要高于名义利率大约1倍。加息法下，短期借款实际利率的计算公式为：

$$实际利率=\frac{借款本金\times名义利率}{借款本金\div2}\times100\%=名义利率\times2$$

◇ 学中做

【4-12】某公司向银行借款500万元，期限一年，名义利率为10%，利息50万元，按照加息法计息。

要求：计算该项借款的实际利率。

【解答】

$$实际利率=\frac{500\times10\%}{500\div2}\times100\%=20\%$$

（二）商业信用

商业信用是指企业在商品或劳务交易中，以延期付款或预收货款方式进行购销活动所形成的借贷关系，是企业之间的直接信用行为，也是企业短期资金的重要来源。

商业信用条件是指销货企业要求赊购企业支付货款的条件，包括信用期限、折扣期限和现金折扣。若买方放弃折扣，产生的信用成本按如下公式计算：

$$放弃现金折扣的成本 = \frac{现金折扣率}{1-现金折扣率} \times \frac{360}{信用期限-折扣期限}$$

◇学中做

【4-13】 某公司信用条件为"2/10，n/30"，一年按360天计算。

要求：计算放弃现金折扣的成本。

【解答】

$$放弃现金折扣的成本 = \frac{2\%}{1-2\%} \times \frac{360}{30-10} = 36.73\%$$

可见，买方放弃现金折扣的信用成本是比较高的。供应商在信用条件中规定有现金折扣的情况下，企业应慎重作出享受或放弃现金折扣的选择。

（1）如果企业放弃现金折扣的原因是将应付账款用于临时性短期投资，那么投资收益率应高于放弃现金折扣的信用成本，否则放弃现金折扣是不理性的选择。

（2）如果企业是由于暂时性的资金缺乏，就需要在比较放弃现金折扣的信用成本与从其他途径取得资金（如短期银行借款）的成本以后作出选择。若放弃现金折扣信用成本大于短期银行借款成本，应享受现金折扣，在折扣期内付款；若放弃现金折扣信用成本小于短期银行借款成本，应放弃现金折扣，在信用期内付款。

◇学中思

【4-6】 银行借款是企业最常用的筹资方式，企业往往选择成本最低的银行借款。请思考：影响企业借款成本的因素有哪些？

三、任务实施

（1）任务场景中，华信公司向商业银行取得短期借款300万元，利率为6%，期限1年，银行要求保留20%的补偿性余额。

$$银行短期借款的实际利率 = \frac{6\%}{1-20\%} \times 100\% = 7.5\%$$

（2）任务场景中，华信公司的材料供应商飞扬公司同意以"2/10，n/50"的信用条件向华信公司销售原材料。

放弃现金折扣的信用成本 = $\dfrac{2\%}{1-2\%} \times \dfrac{360}{50-10} \times 100\% = 18.37\%$

虽然银行要求公司保留补偿性余额提高了借款的实际利率水平，但利用商业信用筹资的成本远高于银行短期借款。所以华信公司的流动资金需求采用银行短期借款筹资较为适当。

四、任务评价

完成本任务后，请填写任务评价表，如表 4-11 所示。

表 4-11　任务评价表

班级：　　　　　　　　　　　姓名：　　　　　　　　　　　日期：

考核项目		考核内容	分值	评分				小计
				学生自评 20%	学生互评 20%	教师评价 40%	导师评价 20%	
课前	知识预习	认真自学微课与课本，预习相关知识	10					
课中	知识掌握	掌握短期借款和商业信用的成本及优缺点	30					
	能力培养	能计算实际利率，对企业营运资金全面分析和评估，做出流动负债决策	30					
	素质提升	团队合作，遵守课堂纪律，学习积极主动	20					
课后	作业完成	完成老师布置的课后作业，巩固课中所学	10					
总评			100	—	—	—	—	

综合评价：1. 优秀（≥90分）　2. 良好（75～89分）　3. 及格（60～74分）　4. 不及格（＜60分）

表 4-12 所示为项目公式。

表 4-12　项目公式

项目	公式
最佳现金持有量：成本分析模式	最佳现金持有量下的现金持有总成本 = min（管理成本 + 机会成本 + 短缺成本）
最佳现金持有量：现金存货模式	最佳现金持有量 $Q = \sqrt{\dfrac{2TF}{K}}$
	最低现金管理总成本为：$TC = \sqrt{2TFK}$
应收账款机会成本	机会成本 = 全年赊销额/360 × 平均收现期 × 变动成本率 × 资本成本率

续表

项目	公式
应收账款坏账成本	应收账款的坏账成本＝赊销额×预计坏账损失率
应收账款备选方案的税前收益	税前收益＝销售收入－变动成本－固定成本－信用成本
最佳经济批量	最佳经济批量 $Q=\sqrt{\dfrac{2DK}{P}}$
	经济批量总成本 $TC=\sqrt{2DKP}$
	全年最佳订货次数 $F=\dfrac{D}{Q}=\sqrt{\dfrac{DP}{2K}}$
	经济批量平均资金占用额 $=\dfrac{Q}{2}\times C$

项目测评

一、单项选择题

1. 下列各项中，不构成营运资金的是（　　）。

   A. 货币资金　　　　B. 存货　　　　C. 固定资产　　　　D. 应收账款

2. 下列表述为保守型流动资产筹资策略的是（　　）。

   A. 长期资金来源＝非流动资产＋永久性流动资产

   B. 长期资金来源＞非流动资产＋永久性流动资产

   C. 短期资金来源＞波动性流动资产

   D. 长期资金来源＜非流动资产＋永久性流动资产

3. 某企业预计存货周转期为100天，应收账款周转期为80天，应付账款周转期为60天，现金周转期为（　　）天。

   A. 180　　　　B. 120　　　　C. 200　　　　D. 100

4. 某企业规定的信用条件是"2/10、1/20、n/30"，客户从该企业购入总价10 000元的货物，并于第18天付款，则该客户实际支付的款额为（　　）。

   A. 1 000元　　　　B. 7 700元　　　　C. 9 000元　　　　D. 9 900元

5. 某企业全年需用A材料2 400吨，每次订货成本为400元，每吨材料每年储备成本12元，则最佳经济批量为（　　）吨。

   A. 400　　　　B. 500　　　　C. 600　　　　D. 300

二、多选题

1. 可以缩短现金周转期的措施有（　　）。

   A. 加快制造和销售产品　　　　B. 提前偿还短期融资券

C. 加大应收账款催收力度　　　　　D. 利用商业信用延期付款

2. 信用条件包括的是（　　）。

　　A. 现金折扣　　　B. 数量折扣　　　C. 信用期限　　　D. 折扣期限

3. 下列影响应收账款机会成本的因素是（　　）。

　　A 变动成本率　　　　　　　　　B 应收账款周转天数

　　C 资本成本率　　　　　　　　　D 应付账款余额

4. 某企业给予客户的信用条件为"2/10，1/20，n/30"，下列说法正确的是（　　）。

　　A. 信用期限为30天

　　B. 在10天内付款给予2%的折扣

　　C. 在10~20天内付款给予1%的折扣

　　D. 超过20天付款无折扣

5. 确定最佳现金持有量，企业可以采用的方法是（　　）。

　　A. 成本分析模式　　　　　　　　B. 存货模式

　　C. ABC分类管理　　　　　　　　D. 银行集中业务模式

三、判断题

1. 营运资金具有多样性、波动性、短期性、变动性和不易变现性等特点。（　　）

2. 企业维持较高的流动资产存量水平有助于提高资金使用效率和整体收益水平。（　　）

3. 企业采用严格的信用标准，会增加应收账款的机会成本，但能增加商品销售额，从而给企业带来更高的收益。（　　）

4. 存货管理的目标是在保证生产和销售需要的前提下，最大限度地降低存货成本。（　　）

5. 现金存货模型中，最佳现金持有量是机会成本和转换成本交叉的点所对应的现金持有量。（　　）

四、思考题

1. 简述流动资产与流动负债的特点。

2. 简述营运资金管理策略。

3. 简述企业确定最佳现金持有量的方法，并简要概括其原理。

4. 简述企业持有应收账款的原因及目的。

5. 简述短期借款筹资的优缺点。

五、计算分析题

1. 某公司预计全年货币资金需要量为70 000元，每天资金支出量不变，货币资金与有价证券的转换成本为每次140元，有价证券的年利息率为10%。要求：结合存货模式，计算确定该公司的最佳现金持有量及最低现金总成本。

2. 某公司预测的20×3年赊销额为720万元，其信用条件为 $n/30$，变动成本率为60%，资本成本率为10%。假设企业收账政策不变，固定成本总额不变。该企业准备了A、B、C三个信用条件的备选方案。

A方案：维持原信用条件，坏账损失率为2%，收账费用为8万元；

B方案：将信用条件放宽到 $n/45$，年赊销金额增加5%，坏账损失率为3%，收账费用为18万元；

C方案：将信用条件放宽到 $n/60$，年赊销金额增加10%，坏账损失率为5%，收账费用为32万元。

要求：根据以上资料，选出最优方案。

3. 某公司每年耗用乙材料72 000千克，公司采购部门通过招标确定了飞扬公司作为材料供货商。平均每次的进货费用为20元，单位材料的年存储成本为32元，平均采购单价为200元。

要求：

（1）计算本年度乙材料的最佳经济批量；

（2）计算本年度乙材料最佳经济批量下的相关总成本；

（3）计算乙材料最佳经济批量下的平均资金占用额；

（4）计算本年度乙材料的最佳订货次数。

4. 某公司向银行借款1 000万元，年利率6%，银行要求华信公司保留10%的补偿性余额，企业实际可动用的贷款为900万元。

要求：计算借款的实际利率。

5. 某公司20×2年的营业收入为3 600万元，营业成本为1 800万元，日购货成本为5万元。流动资产、流动负债的信息如下表所示（单位：万元）：

某公司20×2年的流动资产、流动负债

资产	平均余额	负债及所有者权益	平均余额
货币资金	211	应付账款	120
应收账款	600	应付票据	200
存货	150	应付职工薪酬	255
流动资产合计	961	流动负债合计	575

要求：计算现金周转期。

项目五

项目投资管理

项目描述

项目投资是一种以特定项目为对象，直接与新建项目或更新改造项目有关的长期投资行为。项目投资属于长期投资，其投资金额大、时间长、资金周转缓慢，并且承担一定的风险。投资决策的失误会严重影响企业的财务状况和现金流量。因此，在进行项目投资决策时需要做详细分析，以科学的方法论证，并按程序进行项目投资管理。

学习目标

知识目标

1. 了解现金流量的构成与作用；
2. 熟练掌握项目投资决策静态评价指标；
3. 熟练掌握项目投资决策动态评价指标。

能力目标

1. 能运用静态评价指标进行项目投资决策；
2. 能运用动态评价指标进行项目投资决策。

素质目标

1. 引导学生树立正确的投资价值观念，不应盲目追求盈利目标；
2. 培养学生的创新意识和团队精神，协同合作方能达成投资目标。

项目五　项目投资管理

思维导图

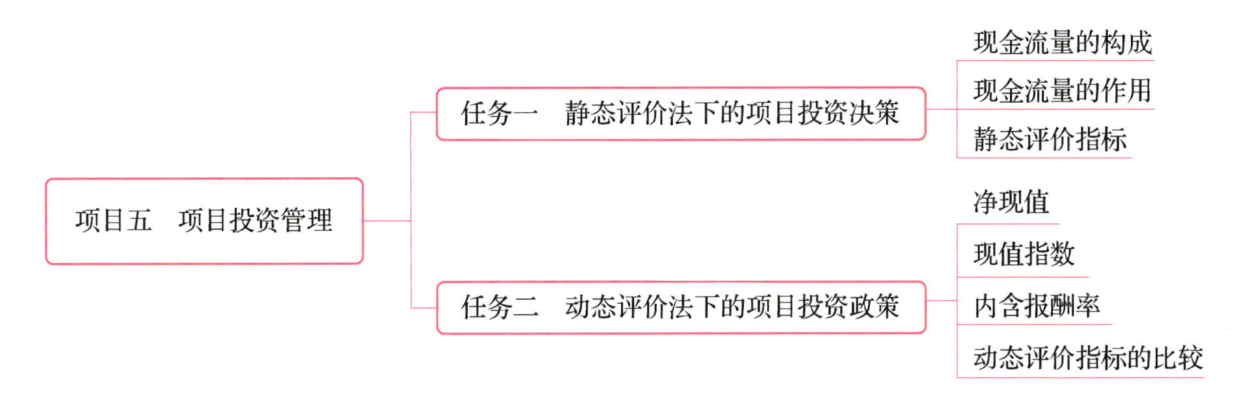

```
项目五　项目投资管理
├── 任务一　静态评价法下的项目投资决策
│   ├── 现金流量的构成
│   ├── 现金流量的作用
│   └── 静态评价指标
└── 任务二　动态评价法下的项目投资政策
    ├── 净现值
    ├── 现值指数
    ├── 内含报酬率
    └── 动态评价指标的比较
```

项目导入

三峡工程的可行性决策

三峡水电站，又称三峡工程，是世界上规模最大的水电站，也是中国有史以来建设的最大型工程项目。

1919 年，孙中山先生在《建国方略之二——实业计划》中就提出建设三峡工程的设想。经过几十年的发展，直到 1983 年水利电力部才提交了三峡工程可行性研究报告，并着手进行前期准备。1984 年，国务院批准了这份可行性研究报告，但遭到反对。从 1986 年到 1988 年，国务院又召集张光斗、陆佑楣等 412 位专业人士，分十四个专题对三峡工程进行全面重新论证，结论为技术方面可行、经济方面合理。1992 年，获得中国全国人民代表大会批准建设，1994 年正式动工兴建，2003 年 6 月 1 日下午开始蓄水发电，于 2009 年全部完工。从项目投资来看，公开数据显示，截至 2009 年年底三峡工程已累计完成投资 1 849 亿元人民币。

2019 年 9 月，三峡工程被中宣部命名为"全国爱国主义教育示范基地"。2020 年 11 月 15 日 8 时 20 分，三峡工程发电量已达到 1 031 亿千瓦·时，打破了此前南美洲伊泰普水电站于 2016 年创造并保持的 1 030.98 亿千瓦·时的单座水电站年发电量世界纪录。2021 年 6 月，三峡工程被国资委命名为首批 100 个中央企业爱国主义教育基地。

（文章来源：施永霞，何滔滔，刘正兵. 中国大学 MOOC（慕课），国家精品课程在线学习平台.）

◇头脑风暴

通过了解三峡工程项目几十年投资可行性研究的过程，你有什么感想？

任务一　静态评价法下的项目投资决策

一、任务布置

（一）任务场景

华信公司有 A、B 两个投资方案，投资总额均为 1 000 000 元，全部用于购置新设备。计提折旧采用年限平均法，使用期限为 5 年，无残值。A、B 投资方案相关资料如表 5-1 所示。

表 5-1　A、B 投资方案相关资料　　　　单位：万元

年限	A 方案 年净利润	A 方案 折旧	A 方案 现金净流量	B 方案 年净利润	B 方案 折旧	B 方案 现金净流量
1	18	20	38	28	20	48
2	18	20	38	24	20	44
3	18	20	38	18	20	38
4	18	20	38	12	20	32
5	18	20	38	8	20	28
合计	90	100	190	90	100	190

（二）任务清单

（1）计算分析 A、B 两个方案的投资回收期；
（2）计算分析 A、B 两个方案的会计收益率。

二、知识准备

投资是指企业为了在未来取得收益而向一定对象投放资金的经济行为。它既包括兴建工程、建造新生产线、购置生产设备、改造设备等生产性资产的投资，也包括购买债券、股票等证券投资和其他投资。本项目所介绍的项目投资是一种以特定项目为对象，直接与新建项目或更新改造项目有关的长期投资行为。

（一）现金流量的构成

在项目投资决策中，现金流量即现金流动量，是指某个投资项目在整个投资周期内引起的企业现金流入和现金流出的数额。投资决策中的现金流量一般由以下三部分构成：

1. 现金流入量

现金流入量是指由投资项目引起的企业现金收入的增加额，它通常包括营业收入、固定资产变价收入、回收流动资金及其他现金流入量。

2. 现金流出量

现金流出量是指由投资项目引起的企业现金支出的增加额，它通常包括建设投资、垫支的流动资金、经营成本、各项税款及其他现金流出量。

3. 现金净流量

现金净流量是指一定期间现金流入量与现金流出量的差额。现金净流量的确定，分为以下两种情况：

（1）建设期现金净流量的确定。

建设期现金净流量是指投资项目建设期发生的现金流量，通常主要是现金流出量。该年发生的原始投资额就是在建设期的现金净流量。

（2）经营期现金净流量的确定。

经营期现金净流量既有现金流入量又有现金流出量。现金流入量主要是营运各年的营业收入，现金流出量主要是营运各年的付现成本。营业现金净流量，是指一定期间的营业收入与付现成本的差额。在营业成本中除折旧费外，一般都是以现金支付的，所以付现成本可以用营业成本减去折旧来加以估计。而所得税也是企业现金流出的一项内容，计算现金流量时必须予以考虑。因此，营业现金净流量可按下列公式计算：

$$营业现金净流量=营业收入-付现成本-所得税$$
$$=营业收入-（营业成本-折旧）-所得税$$
$$=净利润+折旧$$

或： 营业现金净流量=收入×（1-所得税税率）-付现成本×（1-所得税税率）+非付现成本×所得税税率

（二）现金流量的作用

在评价项目投资方案是否可行时，现金流量作为基础性指标，必须事先计算。现金流量作为项目投资的重要价值信息，主要在于现金流量信息能够发挥以下作用：

（1）现金流量信息揭示的未来期间货币资金收支运动，可以动态地反映项目投资的流向与回收之间的投入产出关系，使投资者能更完整、准确、全面地评价具体投资项目的经济效益。

（2）利用现金流量指标代替利润指标作为反映项目效益的信息能做到比较客观，可以摆脱在贯彻财务会计的权责发生制时面临的困境。

（3）利用现金流量信息，排除了非现金收付内部周转的资金运动形式，从而简化了有关投资决策评价指标的计算过程。

（4）由于现金流量信息与项目计算期的各个时点密切结合，这有助于在计算投资决策评价指标时，应用货币时间价值的形式进行动态投资效果的综合评价。

◇ 学中做

【5-1】某公司的投资项目某年的营业收入为60万元，营业成本为40万元，折旧额为10万元，所得税税率为25%。

要求：计算营业现金净流量。

【解答】

营业现金净流量=营业收入−（营业成本−折旧）−所得税=60−（40−10）−（60−40）×25%=25（万元）

（三）静态评价指标

1. 静态投资回收期

静态投资回收期，是指投资项目的未来现金净流量与原始投资额相等时所经历的时间，不考虑货币时间价值。

（1）静态投资回收期法的计算方法。

①每年的现金净流量相等时，其计算公式为：

$$静态投资回收期 = \frac{原始投资额}{年现金净流量}$$

静态投资回收期

②每年的现金净流量不相等时，用累计现金净流量的方法计算。

逐年计算累计现金净流量，当累计现金净流量正好为零时，此年限即为静态投资回收期；当累计现金净流量无法直接找到零时，设 M 是收回原始投资的前一年，计算公式为：

$$静态投资回收期 = M + \frac{第\ M\ 年的尚未收回额}{第\ (M+1)\ 年的现金净流量}$$

◇ 学中做

【5-2】某公司计划投资一项设备，投资总额为50万元，使用年限为10年，按直线法计提折旧，无残值。设备投产后预计每年可为公司新增净利润5万元。

要求：计算该投资的静态回收期。

【解答】

年现金净流量=净利润+折旧=5+50/10=10（万元）

$$投资静态回收期 = \frac{原始投资额}{年现金净流量} = \frac{50}{10} = 5（年）$$

（2）静态投资回收期法的决策标准。

采用静态投资回收期法对投资项目进行分析评价时，需要事先确定企业所希望达到的期望回收期，以便与项目的投资回收期进行比较，从而决定取舍。

对相互独立的备选方案进行决策时，如果投资回收期短于或等于期望回收期，则方案可行；如果投资回收期长于期望回收期，则方案不可行。

对相互排斥的备选方案进行决策时，如果有两个或两个以上方案的投资回收期都短于或等于期望回收期，应选择投资回收期最短的方案。

（3）静态投资回收期法的优缺点。

静态投资回收期法的概念容易理解，计算比较简单，能促使企业尽最大努力缩短投资回收期，降低投资风险。但该方法没有考虑货币的时间价值，也没有考虑回收期满后的现金流量状况。

2. 会计收益率

会计收益率又称投资收益率，是指项目投资方案的年平均净收益占原始投资额的比率。它是反映投资项目获利能力的一个相对数指标。

（1）会计收益率的计算方法。

$$会计收益率 = \frac{年平均净收益}{原始投资额} \times 100\%$$

（2）会计收益率的决策标准。

采用会计收益率这一指标时，只有会计收益率大于必要平均收益率的方案才能采用。在多个互斥方案中，选择收益率较高的方案。

◇ **学中思**

【5-1】盈利是企业投资项目的决策核心，当然企业项目投资也必须讲究合规。结合国务院国资委发布的《中央企业合规管理办法》，请思考：企业境内投资合规管理的要点有哪些？

（3）会计收益率的优缺点。

会计收益率法简单易懂，易于掌握，并能说明各投资方案的收益水平。但该方法没有考虑货币的时间价值，将第一年的现金流量与最后一年的现金流量等同看待，从而有可能误导决策者做出错误的决策。

◇ **学中做**

【5-3】某公司有一投资方案，需要一次性投资 100 000 元，使用年限为 4 年，每年的净收益分别为 20 000 元、35 000 元、40 000 元及 35 000 元。

要求：计算会计收益率指标。

【解答】

年平均净收益 =（20 000+35 000+40 000+35 000）/4 = 32 500（元）

$$会计收益率 = \frac{年平均净收益}{原始投资额} \times 100\% = \frac{32\ 500}{100\ 000} \times 100\% = 32.50\%$$

三、任务实施

（1）任务场景中，A方案每年的现金净流量金额相等，每年均为38万元；B方案每年的现金净流量金额不相等，分别为48万元、44万元、38万元、32万元、28万元。任务实施过程如下：

$$A方案的投资回收期 = \frac{100}{38} = 2.63（年）$$

$$B方案的投资回收期 = 2 + \frac{8}{38} = 2.21（年）$$

从上述计算结果可以看出，B方案的投资回收期比A方案的投资回收期短，所以B方案为优选方案。

（2）任务场景中，A方案每年的净利润为18万元，B方案的净利润分别为28万元、24万元、18万元、12万元和8万元，任务实施过程如下：

$$A方案的会计收益率 = \frac{18}{100} \times 100\% = 18\%$$

$$B方案的会计收益率 = \frac{(28+24+18+12+8) \div 5}{100} \times 100\% = 18\%$$

从上述计算结果来看，A方案与B方案的会计收益率相同，无法区分两个方案的优劣；但结合投资回收期，B方案可尽早地收回投资，因此，B方案要优于A方案。

四、任务评价

完成本任务后，请填写任务评价表，如表5-2所示。

表5-2　任务评价表

班级：　　　　　　　　　　姓名：　　　　　　　　　　日期：

考核项目		考核内容	分值	评分				小计
				学生自评 20%	学生互评 20%	教师评价 40%	导师评价 20%	
课前	知识预习	认真自学微课与课本，预习相关知识	10					
课中	知识掌握	了解现金流量的构成、作用，掌握项目投资决策的静态评价指标	30					

续表

考核项目		考核内容	评分					
			分值	学生自评 20%	学生互评 20%	教师评价 40%	导师评价 20%	小计
课中	能力培养	能计算项目投资方案的静态投资回收期和会计收益率，能据此对方案做出决策	30					
	素质提升	树立正确的投资价值观，培养创新意识，遵守课堂纪律，学习积极主动	20					
课后	作业完成	完成老师布置的课后作业，巩固课中所学	10					
		总评	100	—	—	—	—	

综合评价：1. 优秀（≥90分） 2. 良好（75~89分） 3. 及格（60~74分） 4. 不及格（<60分）

任务二　动态评价法下的项目投资决策

一、任务布置

（一）任务场景

华信公司有A、B两个投资方案，投资总额均为1 000 000元，全部用于购置新的设备。计提折旧采用年限平均法，使用期限为5年，无残值。有关资料如表5-1所示。

（二）任务清单

假设企业资本成本为10%，分别计算A、B两方案的净现值，并对投资方案做出选择。

二、知识准备

动态评价法即考虑了货币时间价值，将未来各年的现金流量折算为现值，再进行分析评价。动态评价法常用的指标有净现值、现值指数和内含报酬率。

（一）净现值

净现值是一个投资项目的未来现金净流量现值与原始投资额现值之间的差额，是对投资项目进行动态评价的最重要指标之一，计算公式为：

净现值（NPV）= 未来现金净流量现值 - 原始投资额现值

1. 净现值的计算过程

净现值的计算按以下步骤进行：

第一步：计算投资项目各年的现金流量，包括现金流出量和现金流入量，从而得出各年的现金净流量。

第二步：设定投资方案的贴现率。贴现率的参考标准包括市场利率、预期最低投资收益率、企业平均资本成本率。

第三步：按照设定的贴现率，将各年的现金净流量折算成现值。如果每年的现金净流量相等，可用年金现值系数计算；如果每年的现金净流量不相等，则可采用复利现值系数折算，然后将其加以汇总，从而计算出未来报酬的总现值。

第四步：将投资额折算成现值。如果投资是最初一次投入的，其初始投资就是现值；如果是多次投入的，就需要将各次投资额折算为现值，并加以汇总。

第五步：计算净现值。将第三步计算出来的未来报酬总现值与第四步计算出的原始投资额现值相减即可得到净现值。

◇ **学中做**

【5-4】某公司计划投资甲项目，该项目方案预期现金流量如表5-3所示，项目折现率为10%。

表5-3 方案预期现金流量

年份	0	1	2	3	4	5
甲方案现金流量/元	-600 000	179 000	171 500	164 000	156 500	369 000

相关时间价值系数如下（见表5-4）：

表5-4 相关时间价值系数

n	1	2	3	4	5
$(P/F, 10\%, n)$	0.909 1	0.826 4	0.751 3	0.683 0	0.620 9

要求：运用净现值法评价该方案是否可行。

【解答】

净现值 = 未来现金净流量现值 - 原始投资额现值 = 179 000×$(P/F, 10\%, 1)$ + 171 500×$(P/F, 10\%, 2)$ + 164 000×$(P/F, 10\%, 3)$ + 156 500×$(P/F, 10\%, 4)$ + 369 000×$(P/F, 10\%, 5)$ - 600 000 = 179 000×0.909 1 + 171 500×0.826 4 + 164 000×0.751 3 + 156 500×0.683 0 + 369 000×0.620 9 - 600 000 = 763 671.30 - 600 000 = 163 671.30（元）

甲方案的净现值大于0，所以该项目可行。

2. 净现值法的决策标准

如果投资方案的净现值大于或等于零，该方案为可行方案；如果投资方案的净现值小于零，该方案为不可行方案。如果几个方案的原始投资额现值相同，且净现值均大于零，那么净现值最大的方案为最优方案；如果各方案的原始投资额现值不相等，有时无法做出正确决策。

◇ **学中思**

【5-2】投资作为拉动经济增长的"三驾马车"之一，一直在我国经济发展中发挥着重要作用。党的二十大报告提出，要"增强投资对优化供给结构的关键作用"。请思考：如何理解"增强投资对优化供给结构的关键作用"？

3. 净现值法的优缺点

净现值法的优点是考虑了货币的时间价值，能够反映各种投资方案的净收益，是一种较好的方法。其缺点是不能揭示各个投资方案本身可能达到的实际报酬率。

（二）现值指数

现值指数也称获利指数，是投资项目的未来现金净流量现值与原始投资额现值的比率。

1. 现值指数的计算过程

$$现值指数（PI）= \frac{未来现金净流量现值}{原始投资额现值}$$

2. 现值指数的决策标准

从现值指数的计算公式可见，其计算结果有三种：大于1、等于1、小于1。如果现值指数大于或等于1，该方案可行；如果现值指数小于1，该方案不可行。如果几个方案的现值指数均大于1，那么现值指数越大，投资方案越好。

但在采用现值指数法进行互斥方案选择时，其正确的选择原则不是选择现值指数最大的方案，而是在保证现值指数大于1的条件下，选择净现值最大的方案。

◇ **学中做**

【5-5】承接上例5-4。
要求：运用现值指数法评价该方案是否可行。
【解答】

$$现值指数 = \frac{未来现金净流量现值}{原始投资额现值} = \frac{763\ 671.30}{600\ 000} = 1.27$$

由于现值指数大于1，所以该方案可行。

3. 现值指数的优缺点

该指标考虑了货币的时间价值，能够真实地反映投资项目的盈利能力，有利于在初始投资额不同的投资方案之间进行对比。但该指标只代表获得收益的能力而不代表实际可能获得的财富，忽略了互斥项目之间投资规模上的差异，所以在多个互斥项目的选择中，可能会得

出错误的结论。

(三) 内含报酬率

内含报酬率又称内含收益率，是指将项目投资方案未来的每年现金净流量进行贴现，使所得的现值恰好与原始投资额现值相等，从而使净现值等于零时的贴现率。

1. 内含报酬率的计算过程

因未来的现金净流量可能相等，也可能不等，所以内含报酬率的计算方法分为两种：

（1）未来的现金净流量相等。

$$未来每年现金净流量 \times 年金现值系数 - 原始投资额现值 = 0$$

$$年金现值系数 = \frac{原始投资额现值}{每年现金净流量}$$

计算步骤为：

第一步：计算年金现值系数，其计算公式为：

$$年金现值系数 = \frac{原始投资额现值}{每年现金净流量}$$

第二步：查"年金现值系数表"，在相同期数内，找出与计算出来的年金现值系数相邻近的较大、较小的两个贴现率。

第三步：利用内插法计算出该项目的内含报酬率。

（2）未来的现金净流量不相等。

第一步：先估计一个贴现率，并按此贴现率计算投资项目的净现值，如果计算的净现值为正数，表明估计的贴现率小于投资项目的实际内含报酬率，所以应提高贴现率再计算净现值；如果计算的净现值为负数，表明估计的贴现率大于投资项目的实际内含报酬率，所以应降低贴现率再计算净现值。这样反复计算，找到净现值接近零的两个贴现率。

第二步：根据找到净现值接近零的两个贴现率，利用内插法计算出该项目的内含报酬率。

2. 内含报酬率的决策标准

在评价独立投资项目时，只要内含报酬率大于或等于企业的必要报酬率，投资项目就是可行的；反之，则项目是不可行的。在评价多个投资项目时，应选择内含报酬率超过必要报酬率最多的投资项目。

◇ 学中做

【5-6】某公司计划投资甲项目，该项目方案的现金流量如表5-5所示，资本成本率为10%。

表5-5　项目方案的现金流量

年限	0	1	2	3	4
甲方案现金流量	-100 000	20 000	35 000	40 000	35 000

相关时间价值系数如表5-6所示：

表5-6 相关时间价值系数

n	1	2	3	4
$(P/F, 10\%, n)$	0.909 1	0.826 4	0.751 3	0.683 0
$(P/F, 11\%, n)$	0.900 9	0.811 6	0.731 2	0.658 7

要求：计算该项目的内含报酬率并进行决策。

【解答】

内含报酬率是净现值等于0的折现率。

即 $0=-100\ 000+20\ 000\times(P/F, i, 1)+35\ 000\times(P/F, i, 2)+40\ 000\times(P/F, i, 3)+35\ 000\times(P/F, i, 4)$

当 $i=10\%$ 时，$-100\ 000+20\ 000\times0.909\ 1+35\ 000\times0.826\ 4+40\ 000\times0.751\ 3+35\ 000\times0.683\ 0=1\ 063$

当 $i=11\%$ 时，$-100\ 000+20\ 000\times0.900\ 9+35\ 000\times0.811\ 6+40\ 000\times0.731\ 2+35\ 000\times0.658\ 7=-1\ 273.50$

所以内含报酬率在10%～11%，利用内插法计算内含报酬率：

$$\frac{10\%-i}{i-11\%}=\frac{1\ 063-0}{0+1\ 273.50}, i=10.45\%$$

项目内含报酬率大于项目的资本成本率（10%），该项目可行。

3. 内含报酬率的优缺点

内含报酬率的优点是概念易于理解，考虑了货币的时间价值，能反映投资项目的真实报酬率。该方法的缺点是计算过程比较复杂，一般要经过多次测算。

◇学中思

【5-3】"三重一大"制度即重大事项决策、重要干部任免、重大项目投资决策、大额资金使用，必须经集体讨论做出决定。请思考：企业重大项目投资决策程序是什么？

（四）动态评价指标的比较

1. 净现值法与现值指数法的比较

净现值法与现值指数法在评价独立项目和投资规模同等的互斥项目时，得出的结论是一致的，但在评价投资规模不同的互斥项目时得到的结论可能是不同的。此时，在资金无限制的情况下，应以净现值为准，选择净现值较大的投资项目；在资金限制的情况下，应按照现值指数的大小来选择净现值最大的投资项目。

2. 净现值法与内含报酬率法的比较

在多数情况下，运用净现值法与内含报酬率法得出的结论是相同的。但当评价投资规模

不同的互斥项目和非常规项目时，使用内含报酬率法可能存在无法判断投资项目优劣的情况。在这种情况下应选择净现值法。

因而，在这三种评价方法中，净现值法是最好的评价方法，据此做出的决策符合财务管理的基本目标。

三、任务实施

任务场景中，A 方案的每年现金净流量相等，为 38 万元，因此，A 方案总现值的计算过程为：

A 方案的总现值 $=38\times(P/A, i, n)=38\times(P/A, 10\%, 5)=38\times3.7908=144.05$（万元）

A 方案的净现值 $=$ 未来现金净流量现值 $-$ 原始投资额现值 $=144.05-100=44.05$（万元）

B 方案的每年现金净流量不相等，因此应按复利现值系数折算成现值，然后加以汇总。B 投资方案各年现金净流量现值如表 5-7 所示。

表 5-7　B 投资方案各年现金净流量现值　　　　　　　　　单位：万元

年限	各年现金净流量	复利现值系数	现值
1	48	0.909 1	43.64
2	44	0.826 4	36.36
3	38	0.751 3	28.55
4	32	0.683 0	21.86
5	28	0.620 9	17.39
5 年现金净流量折算成现值之和			147.80

B 方案的净现值 $=$ 未来现金净流量现值 $-$ 原始投资额现值 $=147.80-100=47.80$（万元）

从计算结果可以看出，A 方案、B 方案的净现值均大于零，所以是可行的。但由于 B 方案的净现值大于 A 方案的净现值，所以企业应选择 B 方案。

四、任务评价

完成本任务后，填写任务评价表，如表 5-8 所示。

表 5-8　任务评价表

班级：　　　　　　　　　　　姓名：　　　　　　　　　　　日期：

考核项目		考核内容	分值	评分				小计
				学生自评 20%	学生互评 20%	教师评价 40%	导师评价 20%	
课前	知识预习	认真自学微课与课本，预习相关知识	10					

续表

考核项目		考核内容	分值	评分				
				学生自评 20%	学生互评 20%	教师评价 40%	导师评价 20%	小计
课中	知识掌握	掌握项目投资决策的动态评价指标	30					
	能力培养	能计算项目投资方案的净现值、现值指数和内含报酬率，能据此对方案做出决策	30					
	素质提升	树立正确的投资价值观，培养创新意识，遵守课堂纪律，学习积极主动	20					
课后	作业完成	完成老师布置的课后作业，巩固课中所学	10					
总评			100	—	—	—	—	

综合评价：1. 优秀（≥90分） 2. 良好（75~89分） 3. 及格（60~74分） 4. 不及格（<60分）

表5-9所示为项目公式。

表5-9 项目公式

项目	公式
营业现金净流量	=营业收入-付现成本-所得税 =营业收入-（营业成本-折旧）-所得税 =净利润+折旧
静态投资回收期	$=\dfrac{\text{原始投资额}}{\text{年现金净流量}}$ （每年现金净流量相等时） $=M+\dfrac{\text{第}M\text{年的尚未收回额}}{\text{第}(M+1)\text{年的现金净流量}}$ （每年现金净流量不相等时）
会计收益率	$=\dfrac{\text{年平均净收益}}{\text{原始投资额}}\times 100\%$
净现值（NPV）	=未来现金净流量现值-原始投资额现值
现值指数（PI）	$=\dfrac{\text{未来现金净流量现值}}{\text{原始投资额现值}}$
内含报酬率	年金现值系数$=\dfrac{\text{原始投资额}}{\text{每年现金净流量}}$（内插法）

项目测评

一、单项选择题

1. 对于互斥方案来说,在进行投资决策时,最好采用的评价方法是( )。

   A. 净现值法　　　　B. 现值指数法　　　C. 内含报酬率法　　　D. 会计收益率法

2. 通常按照( ),可将投资决策评价指标分为静态评价指标和动态评价指标。

   A. 是否考虑货币时间价值　　　　　　　B. 性质

   C. 数量特征　　　　　　　　　　　　　D. 重要性

3. 某投资项目,当折现率为16%时,其净现值为338元;当折现率为18%时,其净现值为-22元。该项目的内含报酬率( )。

   A. 小于16%　　　　　　　　　　　　　B. 大于18%

   C. 大于16%,小于18%　　　　　　　　 D. 等于17%

4. 某投资项目需在开始时一次性投资50 000元,没有建设期。各年营业现金净流量分别为:10 000元、15 000元、15 000元、20 000元、21 600元、14 500元。则该项目的静态回收期是( )年。

   A. 3.5　　　　　　B. 4.00　　　　　　C. 3.60　　　　　　D. 3.40

5. 某公司拟进行一项固定资产投资决策,项目资本成本10%,有四个方案可供选择。其中甲方案的现值指数为0.86;乙方案的内含收益率为9%;丙方案的净现值为156.23万元;丁方案的净现值为136.23万元。最优的投资方案是( )。

   A. 甲方案　　　　　B. 乙方案　　　　　C. 丙方案　　　　　D. 丁方案

二、多选题

1. 下列投资项目评价指标中,考虑了资金时间价值因素的有( )。

   A. 内含收益率　　　B. 静态回收期　　　C. 净现值　　　　　D. 现值指数

2. 在单一投资项目决策时,与净现值评价结论可能发生冲突的评价指标有( )。

   A. 投资回收期　　　B. 会计收益率　　　C. 内含报酬率　　　D. 现值指数

3. 若净现值为负数,表明该投资项目( )。

   A. 现值指数小于1,不可行

   B. 它的投资报酬率不一定小于零

   C. 它的投资报酬率小于零,不可行

   D. 现值指数大于1,可行

4. 在考虑所得税影响的情况下,下列可用于计算营业现金净流量的算式中,正确的有( )。

   A. 营业利润+非付现成本

B. 营业收入-付现成本-所得税

C. 营业收入-（营业成本-折旧）-所得税

D. 净利润+折旧

5. 下列关于静态投资回收期法说法中，正确的是（　　）。

A. 它未考虑货币时间价值

B. 它不能测量项目的营利性

C. 它不能测量项目的流动性

D. 它需要一个主观上确定的最长的可接受回收期作为评价依据

三、判断题

1. 在独立投资方案决策中，只要方案的现值指数大于0，该方案就具有财务可行性。（　　）

2. 对单个投资项目进行财务可行性评价时，利用净现值法和现值指数法所得出结论是一致的。（　　）

3. 若甲、乙、丙三个投资方案是独立的，在投资限额条件下，采用内含报酬率可以做出优先次序的排列。（　　）

4. 某一投资方案，其投资报酬率大于资本成本率，其净现值必然大于零。（　　）

5. 在采用现值指数法进行互斥方案选择时，应在保证现值指数大于1的条件下，选择净现值最大的方案。（　　）

四、思考题

1. 简述如何确定现金净流量。

2. 简述现金流量的作用。

3. 简述项目投资决策相关静态评价指标及其优缺点。

4. 简述项目投资决策相关动态评价指标及其优缺点。

5. 简述运用动态评价指标决策项目投资时的决策标准。

五、计算分析题

1. 某公司准备建一项固定资产，需投资1 100万元，按直线法计提折旧，生产经营期为10年，期末有固定资产残值100万元。预计投产后每年税后利润为100万元，每年年折旧金额为100万元，假定企业期望投资回收期为6年。要求：计算静态投资回收期指标，判断该方案是否可行。

2. 某公司有甲、乙两个投资方案，投资总额均为10 000元，全部用于购置新的设备。甲方案：设备可用5年，残值为2 000元，采用直线法计提折旧，每年的税后营业利润为3 500元。乙方案：设备可用5年，无残值，采用直线法计提折旧，第一年税后营业利润为3 000元，以后每年递增10%。要求：如果资本成本率为10%，请根据净现值法为该公司做出决策。

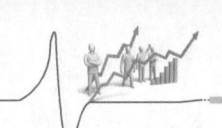

3. 某项目原始投资额 60 万元，项目计算期 6 年，建设期 0 年，生产经营期各年现金净流量 15 万元，计算该项目内含报酬率。

4. 某公司甲项目的投资额为 700 000 元，投资后第一年的现金流量为 279 000 元，第二年的现金流量为 271 500 元，第三年的现金流量为 264 000 元，第 4 年的现金流量为 256 500 元，第五年的现金流量为 469 000 元。如果资本成本率为 10%，利用现值指数法判断甲项目是否可行。

5. 某公司甲项目的投资额为 700 000 元，使用年限为 5 年。投资后第一年的净收益为 279 000 元，第二年的净收益为 271 500 元，第三年的净收益为 264 000 元，第 4 年的净收益为 256 500 元，第五年的净收益为 469 000 元。计算该项目的会计收益率。

项目六

证券投资管理

项目描述

企业拥有闲置资金时往往会考虑证券投资。证券投资是指投资者买卖股票、债券、基金等有价证券以及这些有价证券的衍生品，以获取差价、利息及资本利得的投资行为和投资过程，是间接投资的重要形式。证券投资有利于提高资金使用效率，改善企业经营管理，是社会筹集资金的重要渠道。进行证券投资要关注其风险和收益。

学习目标

知识目标

1. 了解证券投资的种类及特点；
2. 理解证券投资的目的和风险；
3. 掌握债券的估价方法；
4. 掌握股票的估价方法。

能力目标

1. 能分辨不同的证券投资方式；
2. 能分析证券投资的目的和风险；
3. 能正确计算股票和债券的价值。

素质目标

1. 增强学生对不同投资方式的价值判断能力，培养投资意识；

2. 提高学生对闲置资金投资方式的风险分析能力，增强风险意识。

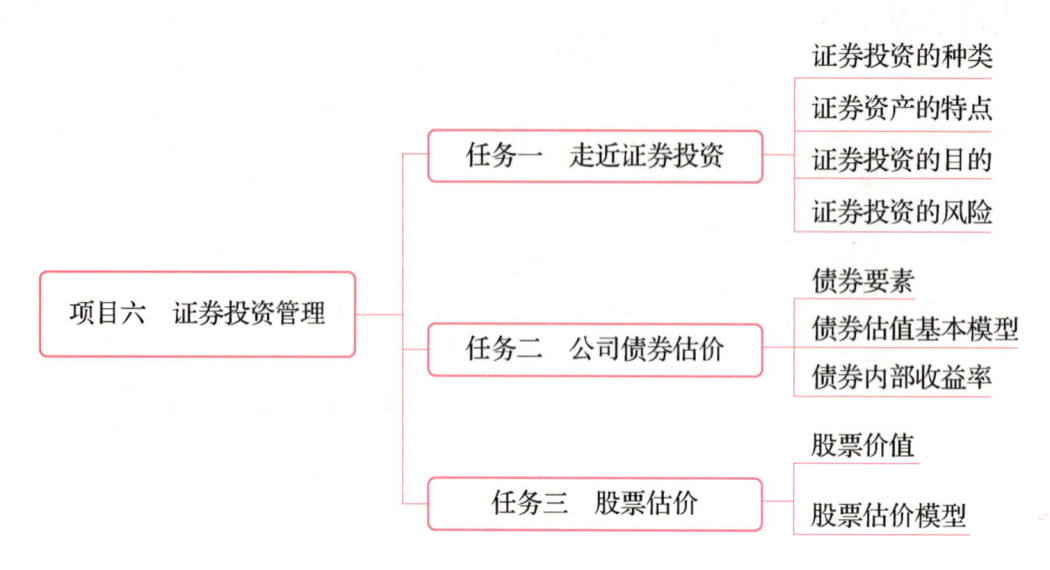

思维导图

项目六 证券投资管理
- 任务一 走近证券投资
  - 证券投资的种类
  - 证券资产的特点
  - 证券投资的目的
  - 证券投资的风险
- 任务二 公司债券估价
  - 债券要素
  - 债券估值基本模型
  - 债券内部收益率
- 任务三 股票估价
  - 股票价值
  - 股票估价模型

项目导入

沃伦·巴菲特的投资经

沃伦·巴菲特（现任伯克希尔·哈撒韦公司董事长和首席执行官）将投资定义为把今天的购买力转移给他人而预期在未来收到合理的购买力。他认为投资是放弃今天的消费，以在以后的日子里能够有能力进行更多的消费。

巴菲特对迪士尼的投资是一个比较顺利的短期投资。1966年，巴菲特经过实地调研后以400万美元买入迪士尼5%的股份，第二年就以620万美元的价格卖出，获利220万美元。1996年，巴菲特再次持有迪士尼的股票2 100万股，并于2001年股市暴跌前全部卖出。

他认为如果目标公司的股票能够持续稳健地提高内在价值就应该耐心持有。他从1988年开始买入可口可乐的股份，到1994年共7年的时间完成了4亿股可口可乐收购，总计投资13亿美元。到2022年年底，这4亿股市值增长到250亿美元，持股比例约占伯克希尔净资产的5%。

2023年2月，巴菲特在致股东信中提到："1994年我们从可口可乐公司获得的现金分红是7 500万美元。到2022年，股息增加到7.04亿美元。成长每年都在发生，就像生日一样确定无疑。查理和我只需要兑现可口可乐的季度股息支票。我们预计分红很可能会继续增加。"

（文章来源：巴菲特致股东的信）

◇**头脑风暴**

巴菲特对迪士尼和可口可乐的投资方式有何不同？分别带来哪些收益？这些方式带给你哪些启发？

任务一　走近证券投资

一、任务布置

（一）任务场景

20×2 年 11 月 1 日，华信公司拟将本公司一笔 200 万元的闲置资金用于证券投资以获取收益。

（二）任务清单

（1）华信公司可以选择哪些证券投资方式？
（2）华信公司进行证券投资时需要考虑哪些风险？

二、知识准备

（一）证券投资的种类

证券投资的对象是金融资产，如股票、债券、基金及其证券组合等。我们可以据此把证券投资分为以下几种：

1. 股票投资

股票投资是指企业或个人购买股票以获得收益的行为。企业可以通过购买股票获取股利收入及股票买卖差价，也可以购买某一企业的大量股票达到控制该企业的目的。股票价格的波动性较大，股票投资具有高风险、高收益的特点。

2. 债券投资

债券投资是指债券购买人购买债券，到期向债券发行人收取固定的利息并收回本金的一种投资方式。债券按发行人可分为政府债券、公司债券和金融债券三种。债券收益率高于银行存款利率，收益稳定，尤其是购买国债的本金及利息的给付是由政府做担保的，相对股票而言是具有较高安全性的一种投资方式，而且和股票一样可以在交易市场随时卖出，流动性强。

3. 基金投资

基金投资是指一种企业将资金交由基金发行单位，由基金托管人托管，基金管理人管理和运用资金，从事股票、债券等金融工具投资的行为。依托专业人员的管理，投资者可以实现利益共享、风险共担、组合投资、专业管理、独立托管等。

4. 证券组合投资

企业也可以选择把资金投入不同的证券中，构成组合的形式分散风险。例如，企业不仅可以投资股票，也可以投资企业债券。这种组合并非随意拼凑，而是要在多种组合方式中权衡收益和风险，做出最佳组合。

◇ **学中思**

【6-1】投资界有句非常著名的谚语：不要把所有鸡蛋放在一个篮子里。请思考：如何理解这句话？

（二）证券资产的特点

证券投资相较实物投资流动性强、交易成本低，但价值不稳定、投资风险大。证券资产是企业进行金融投资所形成的资产。证券资产的特点如表6-1所示。

表6-1 证券资产的特点

特点	含义
价值虚拟性	证券资产的价值主要取决于契约性权利所能带来的未来现金流量，是一种未来现金流量折现的资本化价值。如债券投资代表的是未来按合同规定收取债息和收回本金的权利
可分割性	证券资产可以分割为一个最小的投资单位，如一股股票、一份债券，故证券资产投资的现金流量比较单一，往往由原始投资、未来收益或资本利得、本金回收所构成
持有目的多元性	证券资产的持有目的是多元的，可能是为未来积累现金而持有，也可能是为谋取资本利得而持有，还可能是为取得对其他企业的控制权而持有
强流动性	变现能力强，一般都有活跃的交易市场可供及时转让； 持有目的可以相互转换，即当企业急需现金时，可以立即将为其他目的而持有的证券资产变现
高风险性	证券投资受公司风险和市场风险双重影响，一般来说，股票投资相比债券投资具有更高的风险，证券投资基金的风险水平则视构成资产的具体情况而定

◇ **学中做**

【6-1·单选题】证券资产的（　　）特点体现了它能够快速变现、达到持有目的转换。

A. 持有目的多元性　　B. 可分割性　　C. 高风险性　　D. 强流动性

【解答】答案为选项D。

（三）证券投资的目的

证券投资作为一种大众化的投资方式被广泛应用。企业进行证券投资的目的如表 6-2 所示。

表 6-2 证券投资的目的

目的	含义
利用闲置资金	企业在生产经营过程中产生的闲置资金放在银行里利息通常较低，可以将这些资金用于购买债券、股票、基金等，从而提高资金利用效率，优化资源配置
获取控制权	企业可以通过资金的投入获得被投资公司的控制权。尤其是取得与其经营相关企业的控制权，对企业生产经营业务的开展会产生重要影响
增强资产流动性	证券投资变现能力强，在企业急需现金时可以通过交易获取大量资金支持。进行证券投资有利于盘活资金，提高资产的流动性
分散投资风险	证券投资方式多样，多元化投资尤其是组合投资能够避免企业"把鸡蛋放在一个篮子里"，帮助企业分散投资风险

（四）证券投资的风险

由于证券价格存在波动，投资者有无法获得预期投资收益的可能性，这就要求证券投资者在关注收益的同时也要重视其风险。按风险性质划分，证券投资的风险可分为系统性风险和非系统性风险。

1. 系统性风险

系统性风险，是指由于外部经济环境因素变化引起整个资本市场不确定性加强，从而对所有证券都产生影响的共同性风险。系统性风险影响到资本市场上的所有证券，无法通过投资多元化的组合加以避免，也被称为不可分散风险。系统性风险的分类如表 6-3 所示。

表 6-3 系统性风险的分类

风险类型	概念
价格风险	价格风险是由于市场利率变动引起证券资产价值变化的可能性。两者呈反向变化：市场利率上升，证券资产价格下跌；市场利率下降，证券资产价格上升
再投资风险	再投资风险是由于市场利率下降所造成的无法通过再投资而实现预期收益的可能性。根据流动性偏好理论，长期证券资产的收益率应当高于短期证券资产
购买力风险	购买力风险是由于通货膨胀而使货币购买力下降的可能性。在持续而剧烈的物价波动环境下，货币性资产会产生购买力损益：当物价持续上涨时，货币性资产会遭受购买力损失；当物价持续下跌时，货币性资产会带来购买力收益

2. 非系统性风险

非系统性风险，是指由特定经营环境或特定事件变化引起的不确定性，从而对个别证券资产产生影响的特有风险。非系统性风险源于每个公司自身特有的营业活动和财务活动，与某个具体的证券资产相关联，同整个证券资产市场无关。

非系统性风险可以通过持有证券资产的多元化来抵消，也被称为可分散风险。作为公司特有风险，非系统性风险的分类如表6-4所示。

表6-4 非系统性风险的分类

风险类型	概念
违约风险	证券资产发行者无法按时兑付证券资产利息、偿还本金的可能性
变现风险	证券资产持有者无法在市场上以正常的价格平仓出货的可能性
破产风险	证券资产发行者破产清算时投资者无法收回应得权益的可能性

◇学中做

【6-2·多选题】企业可以通过投资多元化组合避免的风险有（   ）。

A. 系统性风险　　　　　　B. 非系统性风险

C. 变现风险　　　　　　　D. 购买力风险

【解答】答案为选项BC。非系统性风险可以通过投资多元化组合避免，变现风险是非系统性风险的一种。

三、任务实施

（1）在任务清单中的第一个任务中，华信公司可以选择的常用证券投资类型有股票投资、债券投资、基金投资和证券组合投资方式。

（2）第二个任务是要求华信公司考虑进行证券投资时的风险。华信公司要考虑市场利率变动带来的跌价风险、再投资风险，以及可能造成的购买力降低的风险。同时也要重视被投资公司的经营情况，避免购买后出现发行方违约、亏损、破产等情况导致实际收益与预期收益不符、交易变现困难、资产无法保值等问题。

四、任务评价

完成本任务后，请填写任务评价表，如表6-5所示。

表 6-5　任务评价表

班级：　　　　　　　　　　　　姓名：　　　　　　　　　　　　日期：

考核项目		考核内容	分值	评分				小计
				学生自评 20%	学生互评 20%	教师评价 40%	导师评价 20%	
课前	知识预习	认真自学微课与课本，预习相关知识	10					
课中	知识掌握	了解证券投资的种类及特点，理解证券投资的目的和风险	30					
	能力培养	能分辨不同的证券投资方式，能区分证券投资的特点，能判断证券投资的风险类型	30					
	素质提升	树立正确的投资价值观，增强风险意识，遵守课堂纪律，学习积极主动	20					
课后	作业完成	完成老师布置的课后作业，巩固课中所学	10					
总评			100	—	—	—	—	

综合评价：1. 优秀（≥90分）2. 良好（75~89分）3. 及格（60~74分）4. 不及格（<60分）

任务二　公司债券估价

一、任务布置

（一）任务场景

20×2年11月1日，华信公司购买了一份信元公司发行的企业债券。该债券面值1 000元，票面利率为12%，期限10年，每年支付一次利息，到期归还本金，以市场利率作为评估债券价值的贴现率，当前的市场利率为10%。

（二）任务清单

（1）计算该债券的价值；

（2）若华信公司购买该债券的价格为1 140元，判断该债券是否值得购买并计算债券内部

收益率。

二、知识准备

（一）债券要素

债券是依照法定程序发行的，约定在一定期限内还本付息的有价证券，它反映证券发行者与持有者之间的债权债务关系。债券一般包含以下几个基本要素：

1. 债券面值

债券面值，是指债券的票面金额，它代表发行人承诺于未来某一特定日期偿付债券持有人的金额。债券面值包括票面币种和票面金额两方面的内容。票面金额对债券的发行成本、发行数量和持有者的分布具有影响，票面金额小，有利于小额投资者购买，从而有利于债券发行，但可能会增加发行费用；票面金额大，会降低发行成本，但可能不利于债券发行。

2. 债券票面利率

债券票面利率，是指债券发行者预计一年内向持有者支付的利息占票面金额的比率。债券可能使用单利或复利计算利息，支付方式有半年一次、一年一次或到期一次还本付息等。

3. 债券到期日

债券到期日，是指规定的偿还债券本金的日期。

> ◇学中思
>
> 【6-2】党的二十大报告提出："加快发展方式绿色转型。推动经济社会发展绿色化、低碳化是实现高质量发展的关键环节。"当前我国绿色债券发行品种多，规模也在不断扩大。据中国人民银行研究局统计，2022年6月末，我国绿色债券存量规模1.2万亿元，位居全球第二位，中国绿色金融市场对全球的吸引力和影响力不断提高。请思考：如何理解绿色债券助力经济高质量发展？

（二）债券估值基本模型

债券的内在价值是将未来在债券投资上收取的利息和收回的本金折现的价值。只有债券价值大于其购买价格时，该债券才值得投资。典型的债券类型是有固定票面利率、每期支付利息、到期归还本金的债券。

$$债券价值 = 债券各期利息的现值 + 债券面值的现值$$

该债券模式下计量的基本模型是：

$$V = \sum_{t=1}^{n} \frac{I_t}{(1+r)^t} + \frac{M}{(1+r)^n}$$

或表示为：

$$V = M \times i \times (P/A, r, n) + M \times (P/F, r, n)$$

式中：V——债券的价值；

I_t——债券各期的利息；

M——债券的面值；

i——票面利率；

r——期望最低收益率。

◇ 学中做

【6-3】某公司发行债券的面值为 1 000 元，票面利率为 7%，期限 5 年，每年年末支付一次利息，到期归还本金。

要求：计算市场利率为 6% 时债券的价值。

【解答】

$V = M \times i \times (P/A, r, n) + M \times (P/F, r, n)$

$= 1\,000 \times 7\% \times (P/A, 6\%, 5) + 1\,000 \times (P/F, 6\%, 5)$

$= 70 \times 4.212\,4 + 1\,000 \times 0.747\,3$

$= 1\,042.17$

（三）债券内部收益率

债券内部收益率也称为债券投资项目的内含收益率，是按当前的市场价格购买债券并持有至到期日或转让日所产生的预期收益率。

在债券价值估价基本模型中，如果用债券的购买价格 P_0 代替内在价值 V 就能求出债券的内部收益率。

$$P_0 = M \times i \times (P/A, r, n) + M \times (P/F, r, n)$$

计算出 r 即为内部收益率。可用逐步测试结合内插法计算。当债券内部收益率大于市场利率时，值得选用债券投资方式。

债券内部收益率

◇ 学中做

【6-4】某公司以 1 038.87 元的价格，购买一份面值为 1 000 元、每年付息一次、到期归还本金的债券。该债券为 5 年期，票面利率为 10%，该公司拟将该债券持有至到期日。

要求：计算其内部收益率。

【解答】

$1\,038.87 = 1\,000 \times 10\% \times (P/A, r, 5) + 1\,000 \times (P/F, r, 5)$

当 $r = 9\%$ 时

$(P/A, r, 5) = (P/A, 9\%, 5) = 3.889\,7$

$(P/F, r, 5) = (P/F, 9\%, 5) = 0.649\,9$

$$1\ 000×10\%×(P/A,9\%,5)+1\ 000×(P/F,9\%,5)=1\ 038.87（元）$$

即内部收益率为9%。

可见，溢价发行的债券内部收益率低于票面利率。同理计算可得，折价发行的债券内部收益率高于票面利率，平价发行的债券内部收益率等于票面利率。

三、任务实施

（1）任务清单中的第一个任务为已知面值、期限、市场利率和票面利率，计算债券价值。该债券面值1 000元，票面利率为12%，期限10年，每年支付一次利息，到期归还本金，市场利率为10%。

$$\begin{aligned}V&=M×i×(P/A,r,n)+M×(P/F,r,n)\\&=1\ 000×12\%×(P/A,10\%,10)+1\ 000×(P/F,10\%,10)\\&=1\ 000×12\%×6.144\ 6+1\ 000×0.385\ 5\\&=1\ 122.85（元）\end{aligned}$$

该债券价值为1 122.85元。

（2）第二个任务中购买价格为1 140元，由于债券价值低于其购买价格，该债券不值得投资。

接下来，求该购买价格下债券的内部收益率：

$$P_0=M×i×(P/A,r,n)+M×(P/F,r,n)$$

$$1\ 140=1\ 000×12\%×(P/A,r,10)+1\ 000×(P/F,r,10)$$

先用9%测试，查阅"年金现值系数表"得$(P/A,9\%,10)=6.417\ 7$，查阅"复利现值系数表"得$(P/F,9\%,10)=0.422\ 4$，计算出购买价格为1 192.52元，大于1 140元。

再用10%测试，查阅"年金现值系数表"得$(P/A,10\%,10)=6.144\ 6$，查阅"复利现值系数表"得$(P/F,10\%,10)=0.385\ 5$，购买价格为1 122.85元，小于1 140元。

由于收益率在两个相邻的数中间，使用内插法求债券的内部收益率为：

$$\frac{1\ 192.52-1\ 140}{9\%-r}=\frac{1\ 140-1\ 122.85}{r-10\%}$$

求得债券的内部收益率r为9.75%。

四、任务评价

完成本任务后，请填写任务评价表，如表6-6所示。

表 6-6　任务评价表

班级：　　　　　　　　　　　姓名：　　　　　　　　　　　日期：

考核项目		考核内容	分值	评分				小计
				学生自评 20%	学生互评 20%	教师评价 40%	导师评价 20%	
课前	知识预习	认真自学微课与课本，预习相关知识	10					
课中	知识掌握	掌握债券要素内容和债券的估价方法	30					
	能力培养	能运用债券估值基本模型计算债券价值，能计算债券内部收益率，并做出决策	30					
	素质提升	树立正确的投资价值观，增强风险意识，遵守课堂纪律，学习积极主动	20					
课后	作业完成	完成老师布置的课后作业，巩固课中所学	10					
		总评	100	—	—	—	—	

综合评价：1. 优秀（≥90 分） 2. 良好（75~89 分） 3. 及格（60~74 分） 4. 不及格（<60 分）

任务三　股票估价

一、任务布置

（一）任务场景

自 20×2 年起，华信公司计划购买信元公司的普通股股票并打算长期持有，预期达到 12% 的收益率。该公司今年每股股利为 0.8 元，预计未来股利会以 9% 的速度稳定增长。

（二）任务清单

(1) 该股票的价值是多少？

(2) 若该股票的市值为 28 元，判断是否值得购买。

二、知识准备

(一) 股票价值

股票之所以有价值,是因为它能为持有者带来未来收益。股票的价值即投资于股票预期获得的未来现金流量的现值,也称股票的内在价值。

(二) 股票估价模型

1. 股票估价基本模型

在投资者长期持有股票的情况下,股票的未来现金流量即为公司未来发放的各期股利,股票价值即为各期股利的现值。假定某股票未来各期股利为 D_t(t 为期数),r 为估价所采用的贴现率,即所期望的最低收益率,股票价值的估价模型为:

$$V = \frac{D_1}{1+r} + \frac{D_2}{(1+r)^2} + \cdots + \frac{D_n}{(1+r)^n} + \cdots = \sum_{t=1}^{\infty} \frac{D_t}{(1+r)^t}$$

式中:D_t——第 t 期股利;

r——期望最低收益率。

◇学中思

【6-3】中共中央政治局会议提出"要活跃资本市场,提振投资者信心"。中国证券监督管理委员会专门制定工作方案强化分红导向,推动提升上市公司特别是大市值公司分红的稳定性、持续增长性和可预期性,研究完善系统性长期性分红约束机制。请思考:我们在投资时是否要优先购买上市公司股票并长期持有?

2. 股利固定增长模型

公司获利后一般不把每年的盈余全部作为股利分配出去而是留存一部分在公司。留存的收益能扩大公司的资本额,不断增长的资本会创造更多的盈余,进一步引起下期股利的增长。假设公司未来各期的股利在上期股利的基础上以速度 G 呈几何级数增长,那么股票价值 V 公式如下:

$$V = \sum_{t=1}^{\infty} \frac{D_0(1+G)^t}{(1+r)^t}$$

式中:D_0——当年的股利;

r——期望最低收益率;

G——股利增长率。

由于 G 是一个固定的常数,当 r 大于 G 时,上式可以简化为:

$$V = \frac{D_0(1+G)}{r-G}$$

◇ 学中做

【6-5】 某公司购买 M 公司的股票准备长期持有，要求该股票收益率达到 10%，该公司今年每股股利为 0.6 元，预计未来股利会以 8% 的速度增长。

要求：计算股票的价值。

【解答】

$$V=\frac{D_0(1+G)}{r-G}=\frac{0.6\times(1+8\%)}{10\%-8\%}=32.40（元）$$

3. 零增长模型

零增长意味着股利增长率 $G=0$，即股票在存续期内采用相同的固定股息率时，其股票价值如下：

$$V=\frac{D_0}{r}$$

式中：V——每股股票价值；

D_0——股票每股股利；

r——投资必要报酬率。

优先股就属于这种特殊的股票。优先股没有到期日，股东每期在固定的时点上收到相等的股利，其价值计算为：

$$V=\frac{D}{r}$$

式中：V——优先股的价值；

D——优先股每股股利；

r——投资必要报酬率。

◇ 学中做

【6-6】 某公司购买了 X 公司的优先股股票。该优先股每年每股股利为 0.7 元，要求的收益率为 11%。

要求：计算该优先股的价值。

【解答】

优先股的价值 $V=\dfrac{D}{r}=\dfrac{0.7}{11\%}=6.36$（元）

三、任务实施

（1）任务场景中华信公司计划购买信元公司的普通股股票，预期收益率达到 12%。该公

司今年每股股利为 0.8 元，预计未来以 9%的速度增长。根据股利固定增长模型，该普通股股票的价值为：

$$V = \frac{D_0(1+G)}{r-G} = \frac{0.8 \times (1+9\%)}{12\% - 9\%} = 29.07（元）$$

即该普通股价值为 29.07 元。

（2）由于该股票的市值为 28 元，股票内在价值 29.07 元高于当前的市场价格，故该股票是值得购买的。

四、任务评价

完成本任务后，请填写任务评价表，如表 6-7 所示。

表 6-7 任务评价表

班级： 姓名： 日期：

考核项目		考核内容	分值	评分				小计
				学生自评 20%	学生互评 20%	教师评价 40%	导师评价 20%	
课前	知识预习	认真自学微课与课本，预习相关知识	10					
课中	知识掌握	掌握股票的估价方法	30					
	能力培养	能运用股票估价模型计算股票价值，并做出决策	30					
	素质提升	树立正确的投资价值观，增强风险意识，遵守课堂纪律，学习积极主动	20					
课后	作业完成	完成老师布置的课后作业，巩固课中所学	10					
		总评	100	—	—	—	—	

综合评价：1. 优秀（≥90 分） 2. 良好（75~89 分） 3. 及格（60~74 分） 4. 不及格（<60 分）

项目公式如表 6-8 所示。

表 6-8　项目公式

项目	公式
债券价值	$V = M \times i \times (P/A, r, n) + M \times (P/F, r, n)$
债券内部收益率	$P_0 = M \times i \times (P/A, r, n) + M \times (P/F, r, n)$
股利固定增长的股票价值	$V = \dfrac{D_0 \times (1+G)}{r - G}$
零增长股票价值	$V = \dfrac{D_0}{r}$
优先股价值	$V = \dfrac{D}{r}$

项目测评

一、单项选择题

1. 下列不属于证券资产特点的是（　　）。

   A. 强流动性　　　　　　　　　　B. 低风险性

   C. 价值虚拟性　　　　　　　　　D. 持有目的多元性

2. 下列属于非系统性风险的是（　　）。

   A. 变现风险　　　　　　　　　　B. 价格风险

   C. 再投资风险　　　　　　　　　D. 购买力风险

3. 下列关于债券概念的说法中，不正确的有（　　）。

   A. 债券票面利率是指债券发行者预计一年内向投资者支付的利息占票面金额的比率

   B. 债券面值代表发行人借入并且承诺于未来某一特定日期偿付给债券持有人的金额

   C. 债券使用复利计息

   D. 债券一般都规定到期日

4. 下列风险中，投资者可以通过证券投资予以分散的是（　　）。

   A. 金融危机　　　　　　　　　　B. 证券发行方不能及时支付利息或分红

   C. 通货膨胀　　　　　　　　　　D. 市场利率变动

5. 某投资者购买的 A 股票，上一年发放的股利为 1.5 元，以后每年的股利按 5% 递增，目前股票市价为 15 元，该股票价值为（　　）元。

   A. 15　　　　　　B. 15.75　　　　　　C. 16　　　　　　D. 16.25

二、多选题

1. 以下关于购买力风险，说法正确的是（　　）。

A. 购买力风险属于非系统性风险

B. 购买力风险是通货膨胀带来的风险

C. 购买力风险不可以通过资产组合规避

D. 债券投资的购买力风险远大于股票投资

2. 下列属于证券投资系统性风险的有（   ）。

　　A. 价格风险　　　　B. 再投资风险　　　　C. 违约风险　　　　D. 购买力风险

3. 影响债券价值的因素有（   ）。

　　A. 票面利率　　　　B. 到期日　　　　　　C. 票面价值　　　　D. 购买价格

4. 股票投资具有（   ）特点。

　　A. 投资风险较大　　　　　　　　　　　　B. 投资收益较高

　　C. 能够获得控制权　　　　　　　　　　　D. 投资收益稳定

5. 下列风险中，投资者不能通过证券投资组合予以分散的是（   ）。

　　A. 购买力风险　　　　　　　　　　　　　B. 市场利率的波动

　　C. 违约风险　　　　　　　　　　　　　　D. 可分散风险

三、判断题

1. 证券资产发行者无法按时兑付证券资产利息和偿还本金的风险是购买力风险。（   ）

2. 系统性风险可以通过证券投资组合降低。（   ）

3. 投资优质股可以避免价格风险。（   ）

4. 证券基金投资将资金集中起来进行组合投资，投资风险最小。（   ）

5. 债券票面金额越大，发行情况越好。（   ）

四、思考题

1. 如何看待投资中的风险和收益？

2. 债券投资相较于股票投资有哪些优点？

3. 影响债券价值的因素有哪些？

4. 购买股票前需要考虑哪些风险因素？

5. 为什么很多人热衷于买国债？

五、计算题

1. 某投资者想要购买债券投资，要求的必要报酬率为12%，现有A债券面值为1 000元，票面利率为9%，期限为5年，每年付息一次。

　　要求：计算债券发行价格为多少时才适合购买。

2. 某债券面值1 000元，期限10年，每年支付一次利息到期归还本金，市场利率为10%，

　　要求：分别计算票面利率为8%、12%时债券的内在价值。

3. 某投资者购买N公司股票，该公司每年分配股利3元，若投资者最低报酬率为15%，

要求：计算该股票的价值。

4. 某投资者购买 M 公司股票，并且准备长期持有，要求的最低收益率为 11%，该公司本年的股利为 0.5 元/股，预计未来股利年增长率为 6%。

要求：计算该股票的内在价值。

5. 甲企业打算利用闲置资金购买股票，要求的投资必要报酬率为 9%。现有 A 和 B 两支股票可供选择。A 股票市价每股 7 元，上年每股股利为 0.2 元，预计以后每年以 5% 的增长率增长。B 股票市价每股 6 元，采取固定股利政策，上年每股股利为 0.6 元。

要求：（1）计算 A、B 股票价值；

（2）哪只股票更值得购买？

项目七

利润分配管理

项目描述

企业以营利为目的从事生产经营活动，在获得收益后要对税后利润进行分配。首先企业要对以前年度的亏损进行弥补，然后按照法定要求提取公积金，给投资者分派利润。企业向股东分配股利时可以选择剩余股利政策、固定或持续增长的股利政策、固定股利支付率政策和正常股利加额外股利政策这几个常见股利分配政策。因为不同的股利分配政策会影响投资者的持股态度，所以企业要谨慎选择股利分配政策。

学习目标

知识目标

1. 了解利润分配的原则；
2. 掌握利润分配的顺序；
3. 掌握股利分配的政策；
4. 掌握股利分配的计算。

能力目标

1. 能选择股利分配政策；
2. 会计算股利分配金额。

素质目标

1. 增强学生对利润分配程序的法律认知，增强法律意识；

2. 提高学生对利润分配政策的分辨能力，增强决策能力。

思维导图

项目七 利润分配管理
- 任务一 走近利润分配管理
  - 利润分配的原则
  - 利润分配的顺序
  - 利润分配的影响因素
- 任务二 分析股利分配政策
  - 股利的种类
  - 股利的发放程序
  - 股利分配政策

项目导入

格力电器的利润分配

珠海格力电器股份有限公司成立于 1991 年，公司成立初期主要组装生产家用空调，现已发展成为全球工业制造集团。2022 年 1 月 24 日，格力电器发布《未来三年股东回报规划（2022—2024 年）》。规划中提出："公司 2022—2024 年每年进行两次利润分配。在公司现金流满足公司正常经营和长期发展的前提下，2022—2024 年每年累计现金分红总额不低于当年净利润的 50%。"

2022 年，格力电器实际可分配利润为 523.04 亿元。2022 年，格力电器经董事会审议通过的利润分配预案为：向全体股东每 10 股派发现金股利 10 元（含税），共计派发现金股利 56.13 亿元。此前格力电器已派发 2022 年中期现金股利 55.37 亿元。

（文章来源：珠海格力电器股份有限公司官方网站 https：//www.gree.com/about/investor.）

◇ **头脑风暴**

格力电器采取了哪种股利分配方式？公司在制定股利分配方案时考虑了哪些因素？

任务一　走近利润分配管理

一、任务布置

（一）任务场景

20×1 年华信公司由于经营不善亏损 60 万元，次年改变经营策略后扭转了亏损局面，获得

税前利润 180 万元。华信公司拟将利润进行分配。

（二）任务清单

（1）华信公司能否进行利润分配？

（2）华信公司应遵循哪些分配程序？

二、知识准备

（一）利润分配的原则

公司实现利润后进行分配时要遵循一定的原则。利润分配的原则如表 7-1 所示。

表 7-1 利润分配的原则

原则	内容
依法分配	以《公司法》为核心的法律对利润分配做出相应要求
资本保全	对利润的分配不能占用资本金
兼顾各方利益	兼顾债权人、所有者、职工等各方利益
分配与积累并重	分配利润时要留存一部分利润作为积累

◇ **学中做**

【7-1·单选题】下列（　　）原则体现了企业在进行利润分配时兼顾企业未来的利润分配。

　A. 依法分配原则

　B. 投资保全原则

　C. 分配与积累并重原则

　D. 兼顾各方利益原则

【解答】答案为选项 C。企业在进行利润分配时不仅要考虑当下的具体情况，也要为了未来的利润分配进行相应积累。

（二）利润分配的顺序

公司的税后利润应当按照下列顺序分配：

1. 弥补以前年度亏损

公司应当先确认以前年度是否存在亏损情况。若存在亏损，当年的税前利润要先弥补掉这部分亏损，才能作为可供分配的净利润。根据《中华人民共和国企业所得税法》规定，一般企业纳税年度发生的亏损准予向以后年度结转，但结转年限最长不得超过 5 年。若发生的亏损用 5 年内的税前利润都不足以弥

利润分配的顺序

补，则可用税后利润进行弥补。

2. 提取法定盈余公积金

根据《公司法》相关规定，公司分配当年税后利润时，应当提取利润的10%列入法定盈余公积金。法定盈余公积金可用于弥补公司的亏损、扩大公司生产经营或者转增公司资本。法定盈余公积金累计额为公司注册资本的50%以上的，可以不再提取。

3. 提取任意盈余公积金

根据《公司法》规定，公司从税后利润中提取法定盈余公积金后，经股东会或者股东大会决议，还可以从税后利润中提取任意盈余公积金。任意盈余公积金不是法律强制要求的，提取金额可以由公司自行决定。

4. 向投资者分配利润

根据《公司法》规定，公司弥补亏损和提取法定和任意盈余公积金后所余税后利润，有限责任公司股东按照实缴的出资比例分配红利，全体股东另有约定的除外；股份有限公司按照股东持有的股份比例分配，但股份有限公司章程规定不按持股比例分配的除外。若股东会、股东大会或者董事会违反规定，在公司弥补亏损和提取法定盈余公积金之前向股东分配利润的，股东必须将违反规定分配的利润退还公司。

> ◇**学中思**
>
> 【7-1】习近平总书记在《论把握新发展阶段、贯彻新发展理念、构建新发展格局》中指出："从分配看，高质量发展应该实现投资有回报、企业有利润、员工有收入、政府有税收，并且充分反映各自按市场评价的贡献。"请思考：企业为什么要按上述顺序进行利润分配？

（三）利润分配的影响因素

管理者在制定公司利润分配政策时要考虑多方因素。制约公司利润分配政策的主要因素包括以下几个方面：

1. 法律因素

国家法律为了保护债权人和股东的利益，对公司的股利分配顺序、分配比例、资本保全、留存收益限额等做出了明确规定。公司必须在法律许可的范围内进行利润分配。

2. 公司因素

公司制定利润分配方案时，要着眼于本公司的短期经营和长远发展，从盈利的稳定性、资产的流动性、举债能力、投资机会、筹资成本、偿债需要等因素综合考虑制订出可行的分配方案。

3. 股东因素

股东也是公司在制定股利政策时必须考虑的一项重要因素。投资者重点关注股利分配对

其控制权的稀释以及是否能获得稳定的收入，故公司在制定利润分配政策时要关注股东的投资需要。

三、任务实施

（1）在任务清单中的第一个任务中，华信公司可以进行利润分配。该公司今年的税前利润弥补完 20×1 年的亏损后还余 180-60=120（万元），扣除 25% 的所得税后剩余 120×(1-25%)=90（万元）可供分配的利润。

（2）在第二个任务中，华信公司首先要弥补 20×1 年亏损，剩余的 90 万元应先提取法定盈余公积金 90×10%=9（万元），然后根据公司情况选择是否提取任意盈余公积金，之后可以向投资者分配利润。

◇ 学中做

【7-2·多选题】企业在进行利润分配时应该考虑（　　）因素。

A. 分配程序是否合法合规

B. 股东对稳定收入的要求

C. 企业的现金支付能力

D. 股利支付的资金来源

【解答】答案为选项 ABCD。A 和 D 体现了法律因素，B 体现了股东因素，C 体现了公司因素。

四、任务评价

完成本任务后，请填写任务评价表，如表 7-2 所示。

表 7-2　任务评价表

班级：　　　　　　　　　　　姓名：　　　　　　　　　　　日期：

考核项目	考核内容	分值	评分				小计
			学生自评 20%	学生互评 20%	教师评价 40%	导师评价 20%	
课前	知识预习	认真自学微课与课本，预习相关知识	10					
课中	知识掌握	了解利润分配的原则，掌握利润分配的顺序，知悉利润分配的影响因素	30					

续表

考核项目		考核内容	分值	评分				小计
				学生自评 20%	学生互评 20%	教师评价 40%	导师评价 20%	
课中	能力培养	能对税后利润的分配进行排序，能总结出利润分配时应该考虑的因素	30					
	素质提升	团队合作，增强法律意识，遵守课堂纪律，学习积极主动	20					
课后	作业完成	完成老师布置的课后作业，巩固课中所学	10					
		总评	100	—	—	—	—	

综合评价：1. 优秀（≥90分） 2. 良好（75~89分） 3. 及格（60~74分） 4. 不及格（<60分）

任务二　分析股利分配政策

一、任务布置

（一）任务场景

华信公司20×2年的税后净利润为120万元，提取法定盈余公积12万元和任意盈余公积8万元后拟向股东们分配股利。

（二）任务清单

（1）若华信公司采用剩余股利政策，目标资本结构要求权益资本占60%，预计20×3年投资所需资金为110万元，公司可发放的现金股利有多少？

（2）若华信公司盈利不稳定，想要将资金用于再生产又需要吸引投资者长期投资，选择哪种股利分配政策更合适？

二、知识准备

（一）股利的种类

我国法律规定，股份有限公司主要采用现金股利和股票股利两种形式。

1. 现金股利

现金股利是指股份有限公司以现金的形式分配给股东的投资报酬，也称红利或股息。现金股利是最常用的股利分配形式。我国公司一般半年或一年发放一次现金股利。

2. 股票股利

股票股利是指股份有限公司以股票的形式分配给股东的股利。发放股票股利不会增加现金流出，不改变公司的股东权益总额，也不影响股东的持股比例，只是公司的股东权益结构发生了变化。

> ◇ **学中思**
>
> 【7-2】2023年12月15日，中国证券监督管理委员会发布《上市公司监管指引第3号——上市公司现金分红》，以及《关于修改〈上市公司章程指引〉的决定》，进一步健全上市公司常态化分红机制，提高投资者回报水平，新规自公布之日起施行。新规对不分红、财务投资规模较大但分红比例不高的公司，通过强化披露要求督促分红。请思考：为什么中国证券监督管理委员会鼓励上市公司现金分红？

（二）股利的发放程序

股份有限公司分配股利必须遵循法定的发放程序。一般先由董事会提出股利分配预案，提交股东大会决议通过后向股东宣布发放方案，并确定宣告日、股权登记日、除息日和股利发放日。

1. 宣告日

宣告日是指股东大会决议通过并由董事会宣告发放股利的日期。

2. 股权登记日

股权登记日是指有权领取本期股利的股东资格登记截止日期。公司规定股权登记日是为了确定在除权日前购买公司股票的股东能够领取本期股利。

3. 除息日

除息日也称除权日，是指领取股利的权利与股票分开的日期。只有除息日之前的股票价格包含本次股利，因此投资者只有在除息日之前购买股票，才能领取本次股利。

4. 股利发放日

股利发放日，也称股利支付日，是指公司按照分配方案将股利支付给股东的日期。

> ◇ **学中做**
>
> 【7-3·多选题】某公司于20×3年4月2日召开股东大会，通过了董事会关于每股分派2元的股利分配方案。股权登记日为4月24日，除息日为4月25日，股东可在5月5日至20日之间通过深圳交易所按交易方式领取股息。特此公告。下列说法正确的有（　　）。
>
> A. 4月24日之前购买股票股东才能领取本次股利

B. 4月25日之前购买股票股东可以领取本次股利

C. 5月5日之前购买股票股东可以领取本次股利

D. 4月24日之前登记的股东能够领取本次股利

【解答】答案为选项BD。投资者除息日之前购买的股票才能领取本次股利。本题当中除息日为4月25日，所以4月25日之前购买股票才能领取本次股利，选项B正确；股权登记日是有权领取本次股利的股东资格登记截止日期，能够领取本次股利的股东必须在4月24日之前登记，选项D正确。

（三）股利分配政策

公司向股东分派股利时要采取一定的方针政策，这就是我们所说的股利分配政策。常用的股利分配政策有剩余股利政策、固定或稳定增长的股利政策、固定股利支付率政策和低正常股利加额外股利政策。

1. 剩余股利政策

在剩余股利政策下，股利分配受企业资本结构的影响。当企业有良好的投资机会时，要优先满足自身的资金需求，保持理想的资本结构，剩余部分作为股利发放给股东。

为此，企业要先根据目标资本结构确定投资所需的权益资本总额，先从盈余中留用，然后将剩余的部分作为股利来分配。即净利润首先满足公司的权益资金需求，如有剩余则派发股利。

剩余股利政策的具体分配流程为：

（1）设定目标资本结构；

（2）确定目标资本结构下投资所需的股东权益资本数额；

（3）最大限度地使用留存收益满足资金需求中需增加的权益资本数额；

（4）将剩余盈余作为股利发放给股东。

剩余股利政策

剩余股利分配政策优先保证再投资的权益资金需要，有利于保持最佳的资本结构。但这种方式会导致每年发放的股利金额产生波动，投资者并不能获得稳定收益，更适合企业在初创期使用。

2. 固定或稳定增长的股利政策

固定或稳定增长的股利政策，是将企业每年发放的股利固定在某一相对稳定的水平上或是在此基础上维持某一固定比率逐年稳定增长。固定或稳定增长的股利政策具有以下优点：

（1）有利于树立良好形象，增强投资者信心，稳定股票市价；

（2）稳定的股利有助于投资者安排股利收支，有利于吸引准备长期持股并高度依赖股利收入的股东。

其缺点表现为以下两点：

（1）股利的支付与企业的盈利相脱节；

（2）在企业无利可分时，若依然实施该政策，则会违反《公司法》的规定。

这种政策更适合经营比较稳定或正处于成长期的企业，且不适合作为长期的股利政策持续执行。

3. 固定股利支付率政策

与固定或稳定增长的股利政策不同的是，固定股利支付率政策要求企业将每年净利润的某一固定比例作为股利分配给股东。该种股利政策的优点表现为：

（1）股利与公司盈余紧密配合，多盈多分、少盈少分、无盈不分；

（2）从企业支付能力角度看，是一种稳定的股利政策。

固定股利支付率政策的缺点表现为：

（1）股利支付额随税后利润波动而波动，容易给投资者带来经营状况不稳定、投资风险较大的不良印象，从而对股价产生不利影响；

（2）固定的股利支出容易使公司面临较大的财务压力；

（3）很难确定合适的固定股利支付率。

这种政策比较适合处于稳定发展期的企业。

4. 低正常股利加额外股利政策

低正常股利加额外股利政策是指企业事先设定一个较低的正常股利额，每年除了按正常股利额向股东发放现金股利外，还在企业盈余较多、资金较为充裕的年份向股东发放额外股利。

该种股利政策是一种相对稳定兼顾灵活的政策，其优点表现为：

（1）灵活性较大，公司可以根据每年的不同情况选择不同的股利发放水平，有较大的财务弹性；

（2）有利于吸引依靠股利度日的股东，使他们每年至少可以得到较低但较稳定的股利收入。

该种股利政策的缺点表现为：

（1）由于不同年度盈利情况不同，额外股利会不断变化，容易给投资者带来公司收益不稳定的感觉；

（2）长期持续发放额外股利可能会被股东误认为是"正常股利"，一旦取消，可能会使股东认为公司财务状况恶化，进而导致股价下跌。

这种政策适合盈利随着经济周期波动较大或者盈利与现金流量很不稳定的企业。

三、任务实施

（1）任务场景中华信公司20×2年的税后净利润为120万元，提取法定盈余公积12万元、

任意盈余公积8万元。采用剩余股利政策，目标资本结构要求权益资本占60%，预计20×3年投资所需资金为110万元，公司可发放的现金股利计算过程如下：

$$20×2 年可供分配利润 = 120-12-8 = 100（万元）$$
$$投资所需的权益资本数额 = 110×60\% = 66（万元）$$
$$可发放的现金股利 = 100-66 = 34（万元）$$

（2）第二个任务中华信公司盈利不稳定，波动较大，不适用固定或稳定增长的股利政策、固定股利支付率政策。为了吸引投资者长期投资，不建议选择剩余股利政策。华信公司可以选用低正常股利加额外股利政策，既保证投资者有一部分稳定的股利收入又能将多余资金用于生产经营，获得较多盈余时也有额外股利，能更好地留住投资者。

四、任务评价

完成本任务后，填写任务评价表，如表7-3所示。

表7-3 任务评价表

班级： 姓名： 日期：

考核项目		考核内容	分值	评分				小计
				学生自评 20%	学生互评 20%	教师评价 40%	导师评价 20%	
课前	知识预习	认真自学微课与课本，预习相关知识	10					
课中	知识掌握	掌握股利分配的政策，掌握股利分配的计算	30					
	能力培养	能结合企业实际选择股利分配政策，会计算股利分配金额	30					
	素质提升	团队合作，增强法律意识，遵守课堂纪律，学习积极主动	20					
课后	作业完成	完成老师布置的课后作业，巩固课中所学	10					
		总评	100	—	—	—	—	

综合评价：1. 优秀（≥90分） 2. 良好（75~89分） 3. 及格（60~74分） 4. 不及格（<60分）

项目测评

一、单项选择题

1. 当企业法定盈余公积金已达到注册资本（　　）时可不再提取。
   A. 15%　　　　　　B. 20%　　　　　　C. 50%　　　　　　D. 25%

2. 我国目前的股利支付形式有（　　）。
   A. 现金股利和股票股利　　　　　　B. 股票股利和负债股利
   C. 现金股利和财产股利　　　　　　D. 财产股利和负债股利

3. 剩余股利政策一般适用于公司的（　　）阶段。
   A. 初创时期　　　　B. 高速发展　　　　C. 稳定增长　　　　D. 成熟时期

4. 剩余股利政策的优点是（　　）。
   A. 有利于稳定公司股价　　　　　　B. 有利于树立良好的形象
   C. 保持理想的资本结构　　　　　　D. 有利于吸引股东进行投资

5. 比较而言，能使公司在股利发放上具有较大的灵活性的股利政策是（　　）。
   A. 剩余股利政策　　　　　　　　　B. 固定股利支付率政策
   C. 固定股利政策　　　　　　　　　D. 低正常股利加额外股利政策

二、多选题

1. 下列属于影响利润政策因素的有（　　）。
   A. 法律因素　　　　B. 股东因素　　　　C. 公司因素　　　　D. 资本保全

2. 下列项目中可以用于弥补亏损的是（　　）。
   A. 资本公积　　　　B. 盈余公积　　　　C. 税前利润　　　　D. 税后利润

3. 企业提取的法定盈余公积金可以用于（　　）。
   A. 支付股利　　　　B. 集体福利　　　　C. 弥补企业的亏损　　　　D. 增加注册资本

4. 下列影响公司利润分配政策的因素中，属于股东因素的是（　　）。
   A. 稳定的股利收入　　　　　　　　B. 公司盈利的稳定性
   C. 防止公司控制权旁落　　　　　　D. 公司未来的投资机会

5. 下列关于固定股利支付率政策的说法正确的有（　　）。
   A. 股利的支付与企业的盈利相脱节
   B. 股利与公司盈余紧密地配合
   C. 每年支付固定的股利额
   D. 公司财务压力较大

三、判断题

1. 股份制企业的法定盈余公积金不得低于注册资本的25%。（　　）

2. 股份有限公司支付股利的形式只有现金股利和股票股利两种。（　　）
3. 只要在股利支付日前在公司股东名册上有名的股东，就有权分享股利。（　　）
4. 低正常股利加额外股利政策体现了多盈多分、少盈少分、不盈不分的原则。（　　）
5. 处于成长期的企业适合采取固定股利支付率政策。（　　）

四、思考题

1. 企业可以采取哪些措施弥补亏损？
2. 法定盈余公积金和任意盈余公积金都可以弥补亏损吗？
3. 股份制企业分配利润有哪些程序？
4. 现金股利为什么比股票股利常用？
5. 如果你是投资者，你更倾向于采取哪种股利分配政策？为什么？

五、计算分析题

1. 某公司于 20×1 年实现净利润 90 万元，20×2 年计划所需 30 万元的投资，公司的目标结构为自有资金 40%、借入资金 60%，公司采用剩余股利政策。

要求：计算该公司 20×1 年可向投资者发放股利的数额。

2. 某公司 20×2 年税后净利为 500 万元，预计 20×3 年税后利润的增长率为 5%。公司采用固定股利政策发放股利，20×2 年发放股利 220 万元。

要求：计算 20×3 年应发放的股利额。

3. 某公司 20×2 年税后净利为 300 万元。该公司采用固定股利支付率政策，按 40% 的比例从净利润中支付股利。

要求：计算 20×2 年应发放的股利额。

4. 某公司 20×0 年亏损 60 万元，次年取得税前利润 300 万元。该公司当年按税后利润的 5% 提取任意盈余公积金。

要求：按顺序对 20×1 年利润进行分配。

5. 某公司 20×1 年实现税后净利润 200 万元，按规定提取 10% 的法定盈余公积金和 5% 的任意公积金。20×2 年的投资计划需要资金 120 万元，公司项目资金结构是自有资金 45%、借入资金 55%，执行剩余股利政策。

要求：计算 20×1 年向投资者分配利润的金额。

项目八

财务分析

项目描述

财务分析是企业进行财务管理的重要方法。通过财务分析，可以进一步加工和处理财务报告提供的会计信息，使所有者、债权人等会计信息使用者能够更加全面地了解企业的财务状况、经营成果和现金流量等，为经济决策提供重要依据。因此，财务分析对于企业财务管理有着重大意义。

学习目标

知识目标

1. 了解财务分析的意义；
2. 掌握财务分析的主要内容；
3. 理解各种财务指标的含义；
4. 掌握各种财务指标的计算分析。

能力目标

1. 能够分析企业的偿债能力；
2. 能够分析企业的营运能力；
3. 能够分析企业的盈利能力；
4. 能够分析企业的发展能力。

素质目标

1. 培养学生全局观念，提高学生全面分析问题、客观评价问题和有效解决问题的能力；

2. 提高学生对财务分析的认识，树立科学的可持续发展理念。

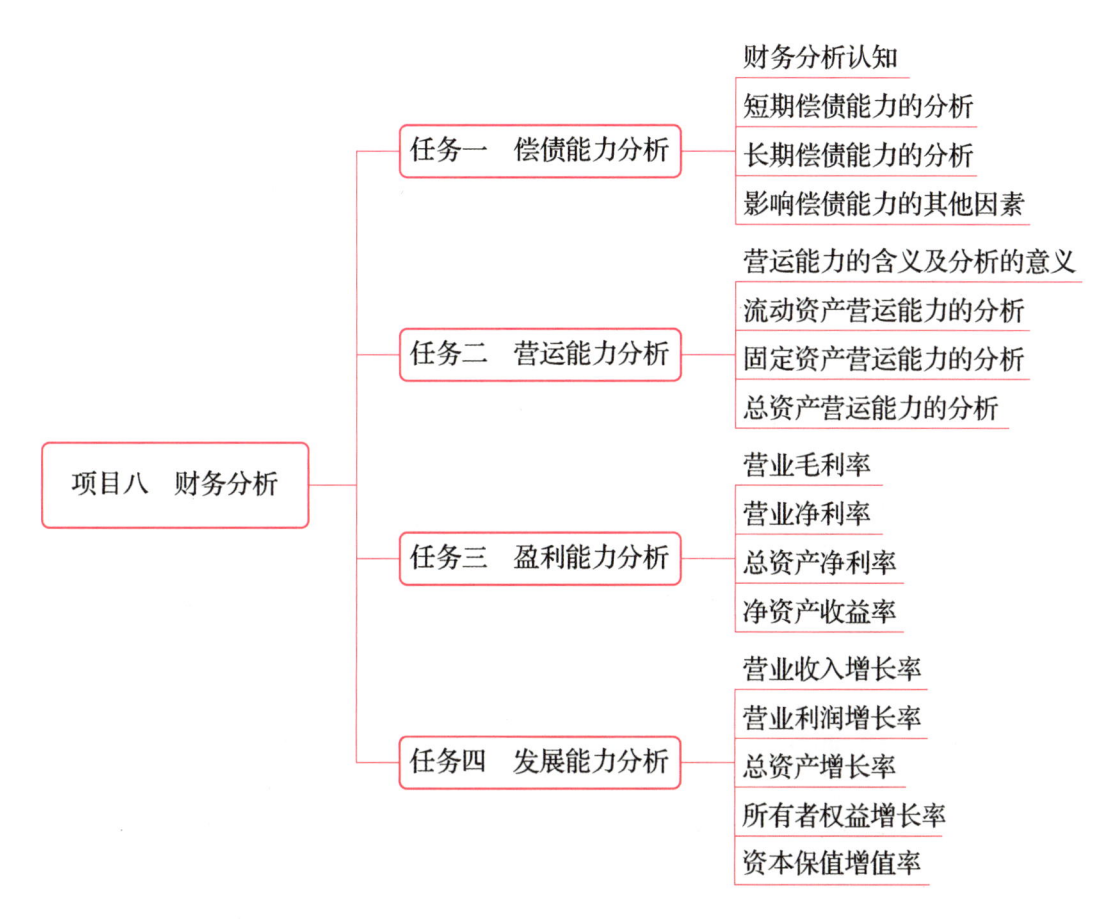

思维导图

项目八　财务分析
- 任务一　偿债能力分析
  - 财务分析认知
  - 短期偿债能力的分析
  - 长期偿债能力的分析
  - 影响偿债能力的其他因素
- 任务二　营运能力分析
  - 营运能力的含义及分析的意义
  - 流动资产营运能力的分析
  - 固定资产营运能力的分析
  - 总资产营运能力的分析
- 任务三　盈利能力分析
  - 营业毛利率
  - 营业净利率
  - 总资产净利率
  - 净资产收益率
- 任务四　发展能力分析
  - 营业收入增长率
  - 营业利润增长率
  - 总资产增长率
  - 所有者权益增长率
  - 资本保值增值率

项目导入

对格力电器的财务分析

格力电器2022年共实现营业总收入1 901.51亿元，同比增加0.26%；归属于母公司的净利润245.07亿元，同比增加6.26%，其中2022年第四季度实现营业总收入418.07亿元，同比减少16.56%；归属于母公司的净利润62.02亿元，同比减少16.40%。

2023年第一季度实现营业总收入356.92亿元，同比增加0.44%；归属于母公司的净利润41.09亿元，增加2.65%。盈利能力明显修复，数字化赋能持续优化。

2022年，公司毛利率为26.04%，主要分析为铜、铝价格下行，以及报告期内公司产品提升对盈利水平的优化作用。2023年，公司毛利率为27.42%，客户提货需求旺盛。

作为空调龙头，格力电器增长稳健，盈利水平持续提升。分析师给出投资建议，维持"买入"评级。

（文章来源：中原证券　欧洋君　2023-05-01.）

◇ **头脑风暴**

如何对企业进行盈利能力分析？哪些因素会影响企业的盈利能力？

任务一　偿债能力分析

一、任务布置

（一）任务场景

华信公司 20×2 年 12 月 31 日资产负债表如表 8-1 所示。

表 8-1　华信公司资产负债表　　　　　　　　　　　　　　单位：万元

资产	年末余额	年初余额	负债和股东权益	年末余额	年初余额
流动资产：			流动负债：		
货币资金	300	360	短期借款	150	120
应收票据	30	40	应付票据	35	28
应收账款	650	550	应付账款	312	270
预付款项	42	40	预收款项	38	35
其他应收款	67	69	应付职工薪酬	56	42
存货	600	400	应交税费	34	25
一年内到期的非流动资产	168	178	其他应付款	195	150
其他流动资产	143	163	一年内到期的非流动负债	160	120
流动资产合计	2 000	1 800	其他流动负债	20	10
非流动资产：			流动负债合计	1 000	800
长期应收款	0	0	非流动负债：		
长期股权投资	160	120	长期借款	1 260	1 080
投资性房地产	0	0	长期应付款	1 040	900
固定资产	3 520	2 850	递延所得税负债	0	0
在建工程	120	80	其他非流动负债	300	220
工程物资	0	0	非流动负债合计	2 600	2 200
无形资产	140	100	负债合计	3 600	3 000

续表

资产	年末余额	年初余额	负债和股东权益	年末余额	年初余额
开发支出	0	0	所有者权益（或股东权益）：		
商誉	0	0	实收资本（或股本）	1 200	900
长期待摊费用	0	0	资本公积	180	160
递延所得税资产	0	0	其他综合收益	0	0
其他非流动资产	60	50	盈余公积	220	190
非流动资产合计	4 000	3 200	未分配利润	800	750
			所有者权益合计	2 400	2 000
资产总计	6 000	5 000	负债及所有者权益总计	6 000	5 000

（二）任务清单

请对华信公司的短期偿债能力进行分析，求出该公司20×2年年末的流动比率、速动比率和现金比率分别是多少。

偿债能力分析

二、知识准备

（一）财务分析认知

1. 财务分析的概念

财务分析是指根据企业财务报表及其他相关资料，采用专门的方法，科学分析和评价企业财务状况、经营成果以及未来发展前景的财务管理活动。

2. 财务分析的意义

财务分析的意义主要体现在以下几个方面：

（1）有利于管理者进行经营决策和改善经营管理；

（2）有利于投资者和债权人等信息使用者做出决策；

（3）有利于寻求提高企业经营管理水平和经济效益的途径；

（4）有利于预测企业的未来发展趋势。

3. 财务分析的内容

财务分析信息的需求者主要包括企业所有者、企业债权人、企业经营决策者和政府相关部门等。不同主体对财务分析信息有各自不同的要求。财务分析的内容如表8-2所示。

表 8-2 财务分析的内容

报表使用者	分析内容
所有者	资本的保值和增值状况 企业盈利能力
债权人	投资安全性 企业偿债能力 企业盈利能力
经营决策者	全面关注经营理财的各个方面 关注企业财务风险和经营风险
政府相关部门	社会贡献程度
供应商	企业信用状况

为了满足不同需求，财务分析一般应包括偿债能力分析、营运能力分析、盈利能力分析和发展能力分析这四个方面。

（二）短期偿债能力的分析

偿债能力指的是企业偿还到期债务的能力。按照债务的到期时间，企业需要偿还的债务包括短期债务和长期债务两类，与之相对应的，偿债能力分析也可以划分为短期偿债能力分析和长期偿债能力分析两种。

短期偿债能力也就是偿还流动负债的能力。衡量企业的短期偿债能力的主要指标有营运资金、流动比率、速动比率、现金比率。

1. 营运资金

营运资金是指流动资产超过流动负债的部分。其计算公式为：

$$营运资金 = 流动资产 - 流动负债$$

计算营运资金使用的"流动资产"和"流动负债"，通常可以直接取自资产负债表。营运资金的数额越大，说明企业的财务状况越稳定，偿债能力越强，偿还流动负债更有保障。因此，企业必须保持足够的营运资金，以避免流动负债的偿付风险。

由于营运资金是绝对数指标，通过它很难在不同的时期和不同的企业之间进行比较。因此，在实务中直接使用营运资金作为偿债能力的衡量指标受到限制，偿债能力更多地通过债务的存量比率来评价。

◆ 学中做

【8-1】某公司 20×2 年年末的流动资产总额为 900 万元，流动负债总额为 450 万元。

要求：计算公司的营运资金。

【解答】

$$营运资金 = 900 - 450 = 450（万元）$$

2. 流动比率

流动比率是指企业的流动资产与流动负债之间的比率。其计算公式为：

$$流动比率 = \frac{流动资产}{流动负债}$$

流动比率是指企业每一元流动负债能够有多少流动资产作为偿还债务的保障。它是用来衡量企业短期偿债能力最常用的一个指标，能够在一定程度上表明企业的流动资产对于偿还流动负债的保障程度。一般而言，生产企业合适的流动比率为2。但现在有许多企业的流动比率低于2。

一般情况下，流动比率越高，说明企业的短期偿债能力越强。但流动比率高并不意味着短期偿债能力一定很强，还需要结合流动资产的结构和周转情况等具体分析。

◇学中做

【8-2】某公司20×2年年末的流动资产总额为900万元，流动负债总额为450万元。
要求：计算公司的流动比率。

【解答】

$$流动比率 = \frac{900}{450} = 2$$

3. 速动比率

速动比率是指企业的速动资产与流动负债之间的比率，其计算公式为：

$$速动比率 = \frac{速动资产}{流动负债}$$

速动资产主要包括能够在较短时间内变现的货币资金、各种应收款项（短期投资、应收票据、应收账款、其他应收款）和交易性金融资产等项目。而存货、预付款项、一年内到期的非流动资产、其他流动资产则不应列入速动资产，因为这些资产在短期内很难变现。

速动比率是用来衡量企业的速动资产对于流动负债保障程度的重要指标。它表示的是一元的流动负债有多少速动资产来作为偿还债务的保障。一般而言，速动比率越高，企业的短期偿债能力越强，企业的速动比率最好大于1，但要根据行业的具体情况具体分析，例如零售企业较多采用现金交易，速动比率较低；企业采用赊销方式的，速动比率往往较高。

这一比率能够衡量企业流动资产中可以立即用于偿付流动负债的真实能力。较之流动比率，它能够更加准确、可靠地评价企业资产的流动性及其偿还短期负债的能力。

◇学中做

【8-3】某公司20×2年年末的速动资产总额为500万元，流动负债总额为450万元，则该公司的速动比率是多少？

【解答】

$$速动比率=\frac{500}{450}=1.11$$

4. 现金比率

现金比率又称即付比率，是指企业立即可动用的现金资产与流动负债的比率。现金资产包括企业拥有的货币资金和交易性金融资产等。因此，可以说现金比率是速动比率的进一步细化，它最能反映企业直接偿付流动负债的能力。其计算公式为：

$$现金比率=\frac{货币资金+交易性金融资产}{流动负债}$$

一般来说，现金比率在20%以上为好。现金比率高，则表示企业的支付能力强，偿付债务就越有保障。但是该指标并非越高越好。如果这个指标过高，则表示企业拥有太多的盈利能力比较低的现金资产，企业的资源没有得到有效运用，从而对企业整体的收益性造成影响。若该指标比率过低，说明现金资产在流动资产中所占比例小，企业应急能力差。采用现金比率评价企业的偿债能力时应与流动比率和速动比率的分析评价结合起来。

◇学中做

【8-4】某公司20×2年年末的货币资金总额为150万元，流动负债总额为450万元。要求：计算公司的现金比率。

【解答】

$$现金比率=\frac{150}{450}=33.33\%$$

（三）长期偿债能力的分析

长期偿债能力是指企业偿还长期负债的能力。能够反映企业长期偿债能力的指标主要包括资产负债率、产权比率和权益乘数。

1. 资产负债率

资产负债率是指企业负债总额与资产总额之间的比率，其计算公式为：

$$资产负债率=\frac{负债总额}{资产总额}\times100\%$$

资产负债率反映总资产中有多大比例是通过负债取得的，可以衡量企业清算时资产对债权人权益的保障程度。这一比率越低，表明企业资产对负债的保障能力越高，企业的长期偿债能力越强。

当资产负债率高于50%时，表明企业资产来源主要依靠的是负债，财务风险较大。当资产负债率低于50%时，表明企业资产的主要来源是所有者权益，财务比较稳健。

◇学中做

【8-5】 某公司20×2年年末的资产总额为1 000万元，负债总额为600万元。

要求：计算公司的资产负债率。

【解答】

$$资产负债率 = \frac{600}{1\ 000} \times 100\% = 60\%$$

2. 产权比率

产权比率是指负债总额与所有者权益总额之间的比率，它能够反映股东权益对于债权人投入资本的保障程度，是衡量企业的财务结构是否稳健的重要标志。其计算公式为：

$$产权比率 = \frac{负债总额}{所有者权益} \times 100\%$$

该比率越低，则表示企业的长期偿债能力越强，企业的财务风险越小，负债受所有者权益保障的程度越高。

◇学中做

【8-6】 某公司20×2年年末的负债总额为600万元，所有者权益总额为400万元。

要求：计算公司的产权比率。

【解答】

$$产权比率 = \frac{600}{400} \times 100\% = 150\%$$

3. 权益乘数

权益乘数是指总资产与所有者权益之间的比率。其计算公式为：

$$权益乘数 = \frac{总资产}{所有者权益}$$

该指标能够反映企业财务杠杆的水平。权益乘数越大，则表示企业的负债比率越高，所有者投入的资本在资产中所占的比例越小，财务杠杆越大。

◇学中做

【8-7】 某公司20×2年年末的资产总额为1 000万元，负债总额为600万元，所有者权益总额为400万元。

要求：计算公司的权益乘数。

【解答】

$$权益乘数 = \frac{1\ 000}{400} = 2.5$$

（四）影响偿债能力的其他因素

1. 可用的银行授信额度

可用的银行授信额度是指银行给予企业的贷款指标，虽然不在财务报表中反映，但是企业能够随时使用，可以快速地取得银行借款，从而提高企业的偿债能力。

2. 或有事项和承诺事项

企业存在或有负债或债务担保责任等或有事项，以及各种承诺支付事项，都会给企业增加偿债压力和财务风险，从而影响企业的偿债能力。

3. 经营租赁

当企业采用经营租赁方式时，其租赁费用并没有包含在负债中。尤其是那些期限比较长、具有经常性、业务量比较大的经营租赁，会对企业的偿债能力产生很大的影响。因此，在进行财务分析时，也需要考虑经营租赁这一因素对企业偿债能力的影响。

4. 资产质量

在财务报表内反映的资产金额为资产的账面价值，但由于财务会计的局限性，资产的账面价值与实际价值可能存在差异，此外，资产的变现能力也会影响偿债能力。

◇**学中思**

【8-1】为推进社会信用体系建设，对失信被执行人进行信用惩戒，促使其自动履行生效法律文书确定的义务，根据《中华人民共和国民事诉讼法》相关规定，最高人民法院制定了《关于公布失信被执行人名单信息的若干规定》，向社会开通"全国法院失信被执行人名单信息公布与查询"平台。失信将受到信用惩戒，请思考：该如何避免成为失信执行人？

三、任务实施

由任务场景中的资产负债表数据可知，华信公司20×2年年末货币资金为300万元，存货为600万元，流动资产为2 000万元，流动负债为1 000万元。任务实施情况如下：

$$流动比率 = \frac{2\,000}{1\,000} = 2$$

$$速动比率 = \frac{2\,000 - 600 - 168 - 143}{1\,000} = 1.089$$

$$现金比率 = \frac{300}{1\,000} = 30\%$$

四、任务评价

完成本任务后，请填写任务评价表，如表8-3所示。

表 8-3 任务评价表

班级：　　　　　　　　　　　姓名：　　　　　　　　　　　日期：

考核项目		考核内容	分值	评分				小计
				学生自评 20%	学生互评 20%	教师评价 40%	导师评价 20%	
课前	知识预习	认真自学微课与课本，预习相关知识	10					
课中	知识掌握	掌握财务分析的概念和内容，掌握偿债能力分析指标的含义与计算	30					
	能力培养	能计算短期和长期偿债能力指标，并据此分析企业偿债能力	30					
	素质提升	培养全局观念，树立可持续发展理念，遵守课堂纪律，学习积极主动	20					
课后	作业完成	完成老师布置的课后作业，巩固课中所学	10					
		总评	100	—	—	—	—	

综合评价：1. 优秀（≥90 分） 2. 良好（75~89 分） 3. 及格（60~74 分） 4. 不及格（<60 分）

任务二　营运能力分析

一、任务布置

（一）任务场景

假如公司的营业收入都是赊销收入净额，华信公司 20×2 年度利润表如表 8-4 所示。

表 8-4　华信公司利润表

利润表

20×2 年度　　　　　　　　　　　　　　　　　单位：万元

项目	本年金额	上年金额
一、营业收入	9 000	8 000
减：营业成本	4 000	3 600
税金及附加	420	360
销售费用	880	740
管理费用	840	710
财务费用	750	605
资产减值损失	310	275
加：公允价值变动收益	90	95
投资收益	210	195
二、营业利润	2 100	2 000
加：营业外收入	60	50
减：营业外支出	360	350
三、利润总额	1 800	1 700
减：所得税费用	600	520
四、净利润	1 200	1 180

（二）任务清单

请对该公司 20×2 年的应收账款营运能力进行分析。

营运能力分析

二、知识准备

（一）营运能力的含义及分析的意义

营运能力反映了企业对于资产的利用和管理能力、企业的资金周转状况。通过分析营运能力，能够了解企业的营业状况和经营管理水平、资产保值和增值情况。衡量企业资产营运能力的指标主要有应收账款周转率、存货周转率、流动资产周转率、固定资产周转率和总资产周转率。

◇ **学中思**

【8-2】"炮制虽繁必不敢省人工,品味虽贵必不敢减物力。"这是同仁堂创始之初流传下来的古训;茅台人认为,工匠精神就是"用功不计繁复,用时不计效率,用诚不计心血"。请思考:上述企业文化与提高企业营运能力相悖吗?

(二) 流动资产营运能力的分析

1. 应收账款周转率

应收账款周转率指的是企业在一定时期内的营业收入净额与应收账款平均余额之间的比率。其计算公式为:

$$应收账款周转率(次数) = \frac{营业收入}{应收账款平均余额}$$

$$应收账款周转天数 = \frac{360 天}{应收账款周转率(次数)}$$

该指标用于对公司应收账款的变现能力及管理效率进行分析和评价。企业的应收账款周转率高,则表示其在一个会计年度内周转次数多,周转速度快,也就是企业能够很快地收回应收账款,从而导致坏账损失的可能性小,资产的流动性较大。

◇ **学中做**

【8-8】某公司20×2年度营业收入为15 000万元,年初应收账款为1 000万元,年末应收账款为2 000万元。

要求:计算公司的应收账款周转率和应收账款周转天数。

【解答】

$$应收账款周转率(次数) = \frac{15\,000}{(1\,000+2\,000) \div 2} = 10(次)$$

$$应收账款周转天数 = \frac{360}{10} = 36(天)$$

2. 存货周转率

存货周转率也称为存货利用率,是指企业在一定时期内的营业成本与存货平均余额之间的比率。其计算公式为:

$$存货周转率(次数) = \frac{营业成本}{存货平均余额}$$

$$存货周转天数 = \frac{360 天}{存货周转率(次数)}$$

由于存货周转率能够反映出企业存货的变现速度,因此我们可以根据它来评价公司的销售能力以及判断存货的数量是否合适。

企业的存货周转率越高，表示存货的周转速度和变现速度越快，公司的销售能力越强，占用于存货上的营运资本数额越小。与之相反，企业的存货周转率低，往往是由于库存管理存在一些问题或者公司的销售能力较弱而导致存货积压，存货在一定时期内周转次数少，存货周转速度和变现速度慢。

◇ **学中做**

【8-9】某公司20×2年度营业成本为13 000万元，年初存货为1 600万元，年末存货为600万元。

要求：计算公司的存货周转率和存货周转天数。

【解答】

$$存货周转率（次数）=\frac{13\ 000}{(1\ 600+600)\div 2}=11.82（次）$$

$$存货周转天数=\frac{360}{11.82}=30.46（天）$$

3. 流动资产周转率

流动资产周转率是营业收入与流动资产平均余额之间的比率。其计算公式为：

$$流动资产周转率（次数）=\frac{营业收入}{流动资产平均余额}$$

$$流动资产周转天数=\frac{360\ 天}{流动资产周转率（次数）}$$

该指标能够综合反映出企业全部流动资产的周转情况和利用效率。在其他条件保持不变的情况下，该指标越高，表示流动资产的周转速度越快，周转次数越多，企业资金的利用效率越高，经营管理水平也越高。

◇ **学中做**

【8-10】某公司20×2年度营业收入为15 000万元，年初流动资产为3 000万元，年末流动资产为3 600万元。

要求：计算公司的流动资产周转率和流动资产周转天数。

【解答】

$$流动资产周转率（次数）=\frac{15\ 000}{(3\ 000+3\ 600)\div 2}=4.55（次）$$

$$流动资产周转天数=\frac{360}{4.55}=79.12（天）$$

（三）固定资产营运能力的分析

固定资产周转率也叫作固定资产利用率，是指企业的营业收入与固定资产平均净值的比

率。其计算公式为：

$$固定资产周转率（次数）=\frac{营业收入}{平均固定资产净值}$$

$$固定资产周转天数=\frac{360天}{固定资产周转率（次数）}$$

固定资产周转率高，说明固定资产的利用效率高，公司的经营管理水平高。反之，则表示公司的生产效率低，盈利能力也可能会受到影响。

◇学中做

【8-11】 某公司20×2年度营业收入为15 000万元，年初固定资产净值为4 700万元，年末固定资产净值为6 300万元。

要求：计算该公司的固定资产周转率和固定资产周转天数。

【解答】

$$固定资产周转率（次数）=\frac{15\ 000}{(4\ 700+6\ 300)\div 2}=2.73（次）$$

$$固定资产周转天数=\frac{360}{2.73}=131.87（天）$$

（四）总资产营运能力的分析

总资产周转率也叫作总资产利用率，是指企业的营业收入与资产平均总额的比率。其计算公式为：

$$总资产周转率（次数）=\frac{营业收入}{资产平均总额}$$

$$总资产周转天数=\frac{360天}{总资产周转率（次数）}$$

如果该指标低，则表明公司使用资产进行经营的效率低，从而在一定程度上影响其盈利能力，那么此时公司应该通过处置资产或者增加其销售收入来进一步提高总资产利用率。

◇学中做

【8-12】 某公司20×2年度营业收入为15 000万元，年初资产总额为9 000万元，年末资产总额为11 000万元。

要求：计算公司的总资产周转率和总资产周转天数。

【解答】

$$总资产周转率（次数）=\frac{15\ 000}{(9\ 000+11\ 000)\div 2}=1.5（次）$$

$$总资产周转天数=\frac{360}{1.5}=240（天）$$

三、任务实施

由任务场景中的资产负债表和利润表数据，可知华信公司20×2年营业收入为9 000万元，年初应收账款余额为550万元，年末应收账款余额为650万元。任务实施情况如下：

$$应收账款平均余额 = \frac{550+650}{2} = 600（万元）$$

$$应收账款周转率 = \frac{9\ 000}{600} = 15（次）$$

$$应收账款周转天数 = \frac{360}{15} = 24（天）$$

四、任务评价

完成本任务后，填写任务评价表，如表8-5所示。

表8-5 任务评价表

班级：　　　　　　　　　　姓名：　　　　　　　　　　日期：

考核项目		考核内容	分值	评分				小计
				学生自评 20%	学生互评 20%	教师评价 40%	导师评价 20%	
课前	知识预习	认真自学微课与课本，预习相关知识	10					
课中	知识掌握	掌握营运能力分析指标的含义、计算和分析的意义	30					
	能力培养	能计算流动资产、固定资产和总资产营运能力指标，并据此分析企业营运能力	30					
	素质提升	培养全局观念，树立可持续发展理念，遵守课堂纪律，学习积极主动	20					
课后	作业完成	完成老师布置的课后作业，巩固课中所学	10					
总评			100	—	—	—	—	—

综合评价：1. 优秀（≥90分） 2. 良好（75~89分） 3. 及格（60~74分） 4. 不及格（<60分）

任务三　盈利能力分析

一、任务布置

（一）任务场景

根据表 8-4 所示利润表的数据资料，华信公司 20×2 年实现营业收入 9 000 万元，营业成本 4 000 万元，实现净利润 1 200 万元。

（二）任务清单

请对华信公司的盈利能力进行分析：
(1) 计算公司 20×2 年的营业毛利率；
(2) 计算公司 20×2 年的营业净利率。

二、知识准备

盈利能力是指企业获得利润的能力。在分析企业的盈利能力时，一般只分析企业正常经营活动的盈利能力，不考虑非正常的、特殊的经营活动。通常使用营业毛利率、营业净利率、总资产净利率、净资产收益率等财务比率来评价企业的盈利能力。

> ◇学中思
>
> 【8-3】2023 年 3 月 6 日习近平总书记看望参加全国政协十四届一次会议的民建、工商联界委员时强调：民营企业和民营企业家要筑牢依法合规经营底线，弘扬优秀企业家精神，做爱国敬业、守法经营、创业创新、回报社会的典范。请思考：什么是企业家精神？

（一）营业毛利率

营业毛利率也称为销售毛利率，是指企业的营业毛利与营业收入净额之间的比率。其计算公式为：

$$营业毛利率 = \frac{营业毛利}{营业收入净额} \times 100\%$$

式中，营业毛利是指企业的营业收入净额与营业成本之间的差额。营业收入净额指的是营业收入在扣除销售折扣、销售退回和销售折让之后的净额。该指标反映了企业的营业成本与营业收入两者之间的比例关系，该指标越大，则表明营业成本在营业收入净额中所占据的比重越小，企业通过销售获得利润的能力就越强。

◇ **学中做**

【8-13】某公司20×2年度营业收入净额为15 000万元，营业成本为12 000万元。

要求：计算公司的营业毛利率。

【解答】

$$营业毛利率=\frac{15\ 000-12\ 000}{15\ 000}\times100\%=20\%$$

（二）营业净利率

营业净利率也可以称为销售净利率，是指企业的净利润与营业收入净额之间的比率。其计算公式为：

$$营业净利率=\frac{净利润}{营业收入净额}\times100\%$$

它反映了企业净利润在营业收入中所占的比例，表明企业每100元的营业收入可以为公司获取多少净利润。该指标越高，表示企业通过销售获得利润的能力越强。分析企业的营业净利率时，应该比较历年的指标，从而对企业营业净利率的变化发展趋势进行判断。

◇ **学中做**

【8-14】某公司20×2年度营业收入净额为15 000万元，净利润为700万元。

要求：计算公司的营业净利率。

【解答】

$$营业净利率=\frac{700}{15\ 000}\times100\%=4.7\%$$

（三）总资产净利率

总资产净利率是指企业在一定时期内的净利润与平均总资产之间的比率。其计算公式为：

$$总资产净利率=\frac{净利润}{平均总资产}\times100\%$$

$$总资产净利率=营业净利率\times总资产周转率$$

它反映了企业每100元的资产能够为股东赚取多少净利润，因此，股东通常采用总资产净利率来分析企业利用资产获取利润的能力。该指标越高，表明企业的资产利用效果越好。

◇ **学中做**

【8-15】某公司20×2年度净利润为700万元，年初总资产为9 000万元，年末总资产为11 000万元。

要求：计算公司的总资产净利率。

【解答】

$$总资产净利率=\frac{700}{(9\ 000+11\ 000)\div 2}\times 100\%=7\%$$

(四) 净资产收益率

净资产收益率也可以称为权益报酬率或者权益净利率，是指企业在一定时期内的净利润与平均净资产之间的比率。其计算公式为：

$$净资产收益率=\frac{净利润}{平均净资产}\times 100\%$$

式中，净资产是指企业全部资产减去全部负债之后的余额，平均净资产的数值取自所有者权益期初和期末的平均数。它反映每一元所有者权益所能够赚取的净收益。一般情况下，净资产收益率越高，表示股东投资获得的报酬越多，企业的盈利能力就越强，对于企业的投资人和债权人的权益保证程度就越高。

◇**学中做**

【8-16】 某公司20×2年度净利润为700万元，年初所有者权益为4 400万元，年末所有者权益为4 600万元。

要求：计算公司的净资产收益率。

【解答】

$$净资产收益率=\frac{700}{(4\ 400+4\ 600)\div 2}\times 100\%=15.56\%$$

三、任务实施

由任务场景中利润表数据，可知华信公司20×2年营业收入9 000万元，营业成本为4 000万元，净利润为1 200万元。任务实施情况如下：

$$营业毛利率=\frac{9\ 000-4\ 000}{9\ 000}\times 100\%=55.56\%$$

$$营业净利率=\frac{1\ 200}{9\ 000}\times 100\%=13.33\%$$

四、任务评价

完成本任务后，请填写任务评价表，如表8-6所示。

表 8-6　任务评价表

班级：　　　　　　　　　姓名：　　　　　　　　　日期：

考核项目		考核内容	分值	评分				小计
				学生自评 20%	学生互评 20%	教师评价 40%	导师评价 20%	
课前	知识预习	认真自学微课与课本，预习相关知识	10					
课中	知识掌握	掌握盈利能力分析指标的含义、计算和分析的意义	30					
	能力培养	能计算营业毛利率、营业净利率、总资产净利率和净资产收益率指标，并据此分析企业盈利能力	30					
	素质提升	培养全局观念，树立可持续发展理念，遵守课堂纪律，学习积极主动	20					
课后	作业完成	完成老师布置的课后作业，巩固课中所学	10					
总评			100	—	—	—	—	

综合评价：1. 优秀（≥90 分）2. 良好（75～89 分）3. 及格（60～74 分）4. 不及格（<60 分）

任务四　发展能力分析

一、任务布置

（一）任务场景

根据表 8-4 所示利润表的数据资料，华信公司 20×2 年营业收入 9 000 万元，营业利润 2 100 万元；20×1 年营业收入 8 000 万元，营业利润 2 000 万元。

（二）任务清单

请对华信公司的发展能力进行分析。

（1）计算公司 20×2 年的营业收入增长率；

发展能力分析

（2）计算公司 20×2 年的总资产增长率。

二、知识准备

企业的发展能力是指在生产经营的过程中企业所体现出来的增长能力，比如不断扩大的生产规模、持续增长的利润、在市场中不断提高的竞争力等。通常通过营业收入增长率、营业利润增长率、总资产增长率、所有者权益增长率、资本保值增值率等财务指标来反映和评价企业的发展能力。

（一）营业收入增长率

营业收入增长率是指企业的本年营业收入增长额与上一年营业收入总额之间的比率。其计算公式为：

$$营业收入增长率 = \frac{本年营业收入增长额}{上年营业收入总额} \times 100\%$$

式中，本年营业收入增长额是指本年营业收入总额与上一年营业收入总额之间的差额。营业收入增长率是反映企业营业收入变化情况的一个指标，能够评价企业的市场竞争力和发展性。如果这个比率小于零，则说明企业本年营业收入减少；如果这个比率大于零，则说明企业本年营业收入增加。营业收入增长率越高，企业的发展能力就越强。

> ◇**学中做**
>
> 【8-17】某公司 20×2 年度营业收入为 15 000 万元，20×1 年度营业收入为 14 000 万元。要求：计算公司的营业收入增长率。
>
> 【解答】
>
> $$营业收入增长率 = \frac{15\ 000 - 14\ 000}{14\ 000} \times 100\% = 7.14\%$$

（二）营业利润增长率

营业利润增长率是指企业的本年营业利润增长额与上一年营业利润总额之间的比率。其计算公式为：

$$营业利润增长率 = \frac{本年营业利润增长额}{上年营业利润总额} \times 100\%$$

式中，本年营业利润增长额是指本年营业利润与上一年营业利润之间的差额。该指标能够反映企业盈利能力变化，营业利润增长率越高，则表示企业的发展能力越好。

> ◇**学中做**
>
> 【8-18】某公司 20×2 年度营业利润为 1 100 万元，20×1 年度营业利润为 1 000 万元。要求：计算公司的营业利润增长率。

【解答】

$$营业利润增长率=\frac{1\,100-1\,000}{1\,000}\times100\%=10\%$$

（三）总资产增长率

总资产增长率是指企业的本年资产增长额与年初资产总额之间的比率。其计算公式为：

$$总资产增长率=\frac{本年资产增长额}{年初资产总额}\times100\%$$

式中，本年资产增长额是指本年年末资产总额与年初资产总额之间的差额。该指标能够反映企业本年度资产规模的增长情况，衡量企业的发展能力。

一般而言，该比率越高，表示企业资产规模扩大速度越快，企业的发展能力越强。但是，因为总资产增长率主要分析的是企业资产在数量方面的增长，所以分析时还需要注意企业资产在质量方面的变化。

◇ 学中做

【8-19】某公司20×2年年初资产总额为9 000万元，年末资产总额为11 000万元。

要求：计算公司的总资产增长率。

【解答】

$$总资产增长率=\frac{11\,000-9\,000}{9\,000}\times100\%=22.22\%$$

（四）所有者权益增长率

所有者权益增长率，是指企业的本年所有者权益增长额与年初所有者权益之间的比率。其计算公式为：

$$所有者权益增长率=\frac{本年所有者权益增长额}{年初所有者权益}\times100\%$$

式中，本年所有者权益增长额是指本年年末所有者权益与年初所有者权益之间的差额。该指标能够反映企业当年所有者权益变化水平，可以体现出企业资本的积累能力。该指标越高，表示企业的资本积累越多，应对风险、持续发展的能力越强。

◇ 学中做

【8-20】某公司20×2年年初所有者权益为4 400万元，年末所有者权益为4 600万元。

要求：计算公司的所有者权益增长率。

【解答】

$$所有者权益增长率=\frac{4\,600-4\,400}{4\,400}\times100\%=4.55\%$$

（五）资本保值增值率

资本保值增值率是指企业在扣除客观增减因素之后的期末所有者权益与期初所有者权益之间的比率。其计算公式为：

$$资本保值增值率 = \frac{扣除客观因素后的期末所有者权益}{期初所有者权益} \times 100\%$$

该指标能够反映投资者对企业资本投资保值和增长的情况。一般而言，该指标越高，则说明企业的资本保全性越好，所有者权益增长得越快，债权人的债务越有保障，企业的发展能力越强。

> ◇ **学中做**
>
> 【8-21】某公司20×2年年初所有者权益为4 400万元，年末所有者权益为4 600万元。要求：计算公司的资本保值增值率。
>
> 【解答】
>
> $$资本保值增值率 = \frac{4\ 600}{4\ 400} \times 100\% = 104.55\%$$

营业收入增长率、营业利润增长率、总资产增长率、所有者权益增长率、资本保值增值率等是从五个不同的角度来反映企业发展能力的财务指标。值得注意的是，我们在分析企业的发展能力时，不能只使用一年的财务指标，而是应该计算出企业连续多年的财务指标，这样才可以正确地评价企业发展能力的持续性。

> ◇ **学中思**
>
> 【8-4】党的二十大报告指出：加快构建新发展格局，着力推动高质量发展。坚持把发展经济的着力点放在实体经济上，推进新型工业化，加快建设制造强国、质量强国、航天强国、交通强国、网络强国、数字中国。请思考：企业该如何实现高质量发展？

三、任务实施

根据任务场景中利润表的数据资料，可知华信公司20×2年营业收入9 000万元，20×1年营业收入8 000万元，20×2年营业利润2 100万元，20×1年营业利润2 000万元。任务实施情况如下：

$$营业收入增长率 = \frac{9\ 000 - 8\ 000}{8\ 000} \times 100\% = 12.5\%$$

$$营业利润增长率 = \frac{2\ 100 - 2\ 000}{2\ 000} \times 100\% = 5\%$$

四、任务评价

完成本任务练习后，请填写任务评价表，如表 8-7 所示。

表 8-7 任务评价表

班级：　　　　　　　　　　　　姓名：　　　　　　　　　　　　日期：

考核项目		考核内容	分值	评分				小计
				学生自评 20%	学生互评 20%	教师评价 40%	导师评价 20%	
课前	知识预习	认真自学微课与课本，预习相关知识	10					
课中	知识掌握	掌握发展能力分析指标的含义、计算和分析的意义	30					
	能力培养	能计算各种增长率和资本保值增值率指标，并据此分析企业发展能力	30					
	素质提升	培养全局观念，树立可持续发展理念，遵守课堂纪律，学习积极主动	20					
课后	作业完成	完成老师布置的课后作业，巩固课中所学	10					
总评			100	—	—	—	—	

综合评价：1. 优秀（≥90 分）2. 良好（75~89 分）3. 及格（60~74 分）4. 不及格（<60 分）

项目公式如表 8-8 所示。

表 8-8 项目公式

项目	公式
营运资金	营运资金＝流动资产－流动负债
流动比率	流动比率＝$\dfrac{流动资产}{流动负债}$
速动比率	速动比率＝$\dfrac{速动资产}{流动负债}$
现金比率	现金比率＝$\dfrac{货币资金+交易性金融资产}{流动负债}$

续表

项目	公式
资产负债率	资产负债率 = $\dfrac{负债总额}{资产总额} \times 100\%$
产权比率	产权比率 = $\dfrac{负债总额}{所有者权益} \times 100\%$
权益乘数	权益乘数 = $\dfrac{总资产}{所有者权益}$
应收账款周转率	应收账款周转率（次数）= $\dfrac{营业收入}{应收账款平均余额}$ 应收账款周转天数 = $\dfrac{360 \text{ 天}}{应收账款周转率（次数）}$
存货周转率	存货周转率（次数）= $\dfrac{营业成本}{存货平均余额}$ 存货周转天数 = $\dfrac{360 \text{ 天}}{存货周转率（次数）}$
流动资产周转率	流动资产周转率（次数）= $\dfrac{营业收入}{流动资产平均余额}$ 流动资产周转天数 = $\dfrac{360 \text{ 天}}{流动资产周转率（次数）}$
固定资产周转率	固定资产周转率（次数）= $\dfrac{营业收入}{平均固定资产净值}$ 固定资产周转天数 = $\dfrac{360 \text{ 天}}{固定资产周转率（次数）}$
总资产周转率	总资产周转率（次数）= $\dfrac{营业收入}{资产平均总额}$ 总资产周转天数 = $\dfrac{360 \text{ 天}}{总资产周转率（次数）}$
营业毛利率	营业毛利率 = $\dfrac{营业毛利}{营业收入净额} \times 100\%$
营业净利率	营业净利率 = $\dfrac{净利润}{营业收入净额} \times 100\%$
总资产净利率	总资产净利率 = $\dfrac{净利润}{平均总资产} \times 100\%$ 总资产净利率 = 销售净利率 × 总资产周转率
净资产收益率	净资产收益率 = $\dfrac{净利润}{平均净资产} \times 100\%$
营业收入增长率	营业收入增长率 = $\dfrac{本年营业收入增长额}{上年营业收入总额} \times 100\%$

续表

项目	公式
营业利润增长率	营业利润增长率 = $\dfrac{\text{本年营业利润增长额}}{\text{上年营业利润总额}} \times 100\%$
总资产增长率	总资产增长率 = $\dfrac{\text{本年资产增长额}}{\text{年初资产总额}} \times 100\%$
所有者权益增长率	所有者权益增长率 = $\dfrac{\text{本年所有者权益增长额}}{\text{年初所有者权益}} \times 100\%$
资本保值增值率	资本保值增值率 = $\dfrac{\text{扣除客观因素后的期末所有者权益}}{\text{期初所有者权益}} \times 100\%$

项目测评

一、单项选择题

1. 下列经济业务中，会使企业的速动比率提高的是（　　）。

   A. 购买短期债券　　　　　　　　　B. 收回应收账款

   C. 销售产成品　　　　　　　　　　D. 用固定资产对外进行长期投资

2. 下列各项经济业务中，不会影响流动比率的是（　　）。

   A. 赊购原材料　　　　　　　　　　B. 向银行借款

   C. 用存货对外进行长期投资　　　　D. 用现金购买短期债券

3. 下列经济业务中，会影响企业资产负债率的是（　　）。

   A. 以固定资产的账面价值对外进行长期投资

   B. 收回应收账款

   C. 用现金购买股票

   D. 接受投资者以固定资产进行的投资

4. 企业的应收账款周转率高，说明（　　）。

   A. 企业的应收账款周转速度较快　　B. 企业的盈利能力较强

   C. 企业的信用政策比较宽松　　　　D. 企业的坏账损失较多

5. 下列财务比率中，既能反映企业资产综合利用的效果，又能衡量债权人权益和所有者权益的报酬情况的是（　　）。

   A. 产权比率　　B. 营业毛利率　　C. 总资产报酬率　　D. 营业净利率

二、多选题

1. 下列财务比率中，可以反映企业短期偿债能力的有（　　）。

   A. 现金比率　　B. 资产负债率　　C. 速动比率　　D. 产权比率

2. 下列财务比率中，属于反映企业发展能力的财务比率有（　　）。
   A. 营业收入增长率　　　　　　　　B. 总资产增长率
   C. 销售毛利率　　　　　　　　　　D. 营业利润增长率
3. 下列财务比率中，属于反映企业营运能力的有（　　）。
   A. 存货周转率　　B. 现金比率　　C. 固定资产周转率　　D. 总资产周转率
4. 下列经济业务中，会影响企业应收账款周转率的有（　　）。
   A. 赊销产成品　　　　　　　　　　B. 发生销售折扣
   C. 期末收回应收账款　　　　　　　D. 发生销售退货
5. 在其他条件不变的情况下，下列经济业务中，会引起总资产周转率指标上升的有（　　）。
   A. 用现金偿还负债　　　　　　　　B. 销售一批产品
   C. 用银行存款购入一台设备　　　　D. 用银行存款支付职工工资

三、判断题

1. 企业销售一批存货，无论货款是否收回，都可以使速动比率增大。（　　）
2. 产成品属于速动资产。（　　）
3. 权益乘数的高低取决于企业的资本结构，资产负债率越高，权益乘数越高，财务风险越大。（　　）
4. 企业用银行存款购买一笔期限为3个月、随时可以变现的国债，会降低现金比率。（　　）
5. 现金比率的提高不仅增加资产的流动性，也会使机会成本增加。（　　）

四、思考题

1. 财务分析的内容包括什么？
2. 进行财务分析的意义是什么？
3. 偿债能力指标一般有哪些？
4. 营运能力指标一般有哪些？
5. 盈利能力指标一般有哪些？

五、计算分析题

1. 某公司流动资产由速动资产和存货构成，年初存货为70万元，年末流动比率为2，年末速动比率为1，存货周转率为3次，年末流动资产余额为200万元。要求：
   （1）计算该公司流动负债年末余额；
   （2）计算该公司速动资产年末余额；
   （3）计算该公司存货年末余额和年平均余额；
   （4）计算该公司本年营业成本。

2. 某公司 20×2 年度有关财务资料如下表所示：

项目	期初数/万元	期末数/万元	本期数或平均数/万元
存货	2 600	3 800	—
流动负债	2 000	3 500	—
速动比率	0.5	—	—
流动比率	—	1.5	—
总资产周转次数	—	—	1.2
总资产	—	—	16 000

假定该公司流动资产等于速动资产加存货，要求：

（1）计算该公司流动资产的期初数与期末数；

（2）计算该公司本期营业收入；

（3）计算该公司本期流动资产平均余额和流动资产周转次数。

3. 某公司 20×2 年营业收入 160 万元，销售净利率为 16%，期初资产总额为 300 万元，期末资产总额为 500 万元，期初应收账款余额为 48 万元，期末应收账款余额为 16 万元。要求分别计算下列财务比率：

（1）应收账款周转率；

（2）总资产周转率；

（3）资产净利率。

4. 某公司 20×2 年年初的负债总额 1 600 万元，股东权益是负债总额的 2 倍，年股东权益增长率 25%，20×2 年年末的资产负债率 20%，20×2 年实现净利润 900 万元。要求：

（1）计算 20×2 年年初的股东权益总额、资产总额、年初的资产负债率；

（2）计算 20×2 年年末的股东权益总额、负债总额、资产总额、产权比率；

（3）计算 20×2 年的总资产净利率、权益乘数（使用平均数计算）。

5. 某公司 20×2 年度有关财务资料如下：年初存货为 10 000 万元，年初应收账款为 7 000 万元，年末流动资产合计为 18 000 万元。年末流动比率为 3，速动比率为 1.3，存货周转率为 4 次。要求：

（1）计算公司的本年营业成本；

（2）如果本年营业收入为 90 000 万元，不考虑除应收账款外的速动资产，其应收账款周转天数为多少？

（3）计算公司的本年营业毛利率。

（4）计算公司的本年流动资产周转次数。

附录

附表一　复利终值系数表

期数	1%	2%	3%	4%	5%	6%	7%	8%	9%	10%
1	1.010 1	1.020 0	1.030 0	1.040 0	1.050 0	1.060 0	1.070 0	1.080 0	1.090 0	1.100 0
2	1.020 1	1.040 4	1.060 9	1.081 6	1.102 5	1.123 6	1.144 9	1.166 4	1.188 1	1.210 0
3	1.030 3	1.061 2	1.092 7	1.124 9	1.157 6	1.191 0	1.225 0	1.265 9	1.295 0	1.331 0
4	1.041 6	1.082 4	1.125 5	1.169 9	1.215 5	1.262 5	1.310 8	1.360 5	1.411 6	1.464 1
5	1.051 0	1.104 1	1.159 3	1.216 7	1.276 3	1.338 2	1.402 6	1.469 3	1.538 6	1.610 5
6	1.061 5	1.126 2	1.194 1	1.265 3	1.340 1	1.418 5	1.500 7	1.580 9	1.677 1	1.771 6
7	1.072 1	1.148 7	1.229 9	1.315 9	1.407 1	1.503 6	1.605 8	1.713 8	1.828 0	1.948 7
8	1.082 9	1.171 7	1.266 8	1.368 6	1.477 5	1.593 8	1.718 2	1.850 9	1.992 6	2.143 6
9	1.093 7	1.195 1	1.304 8	1.423 3	1.551 3	1.689 5	1.838 5	1.999 0	2.171 9	2.357 9
10	1.104 6	1.219 0	1.343 9	1.480 2	1.628 9	1.790 8	1.967 2	2.158 9	2.367 4	2.593 7
11	1.115 7	1.243 4	1.384 2	1.539 5	1.710 3	1.898 3	2.104 9	2.331 6	2.580 4	2.853 1
12	1.126 8	1.268 2	1.425 8	1.601 0	1.795 9	2.012 2	2.252 2	2.518 2	2.812 7	3.138 4
13	1.138 1	1.293 6	1.468 5	1.665 1	1.885 6	2.132 9	2.409 8	2.719 6	3.065 8	3.452 3
14	1.149 5	1.319 5	1.512 6	1.731 7	1.979 9	2.260 9	2.578 5	2.937 2	3.341 7	3.797 5
15	1.161 0	1.345 9	1.558 0	1.800 9	2.078 9	2.396 6	2.759 0	3.172 2	3.642 5	4.177 2
16	1.172 6	1.372 8	1.604 7	1.873 0	2.182 5	2.540 4	2.952 2	3.425 9	3.970 3	4.595 0
17	1.184 3	1.400 2	1.652 8	1.947 9	2.292 0	2.692 8	3.158 8	3.700 0	4.327 6	5.054 5
18	1.196 1	1.428 2	1.702 4	2.025 8	2.406 6	2.854 3	3.379 9	3.996 0	4.717 1	5.559 9

续表

期数	1%	2%	3%	4%	5%	6%	7%	8%	9%	10%
19	1.208 1	1.456 8	1.753 5	2.106 8	2.527 0	3.025 6	3.616 5	4.315 7	5.141 7	6.115 9
20	1.220 2	1.485 9	1.806 1	2.191 1	2.653 3	3.207 1	3.869 7	4.661 0	5.604 4	6.727 5
21	1.232 4	1.515 7	1.860 1	2.278 8	2.786 0	3.399 6	4.140 6	5.033 8	6.108 8	7.400 2
22	1.244 7	1.546 0	1.916 1	2.369 9	2.925 3	3.603 5	4.430 4	5.436 5	6.658 6	8.140 3
23	1.257 2	1.576 9	1.973 6	2.464 7	3.071 5	3.819 7	4.740 5	5.871 5	7.257 9	8.954 3
24	1.269 7	1.608 4	2.032 8	2.563 3	3.225 1	4.048 9	5.072 4	6.341 2	7.911 1	9.849 7
25	1.282 4	1.640 6	2.093 8	2.665 8	3.386 4	4.291 9	5.427 4	6.848 5	8.623 1	10.835
26	1.295 3	1.673 4	2.156 6	2.772 5	3.555 7	4.549 4	5.807 4	7.396 4	9.399 2	11.918
27	1.308 2	1.706 9	2.221 3	2.883 4	3.733 5	4.822 3	6.213 9	7.988 1	10.245	13.110
28	1.321 3	1.741 0	2.287 9	2.998 7	3.920 1	5.111 7	6.648 8	8.627 1	11.167	14.421
29	1.334 5	1.775 8	2.356 6	3.118 7	4.116 1	5.418 4	7.114 3	9.317 3	12.172	15.863
30	1.347 8	1.811 4	2.427 3	3.243 4	4.321 9	5.743 5	7.612 3	10.063	13.268	17.449

期数	12%	14%	15%	16%	18%	20%	24%	28%	32%	36%
1	1.120 0	1.140 0	1.150 0	1.160 0	1.180 0	1.200 0	1.240 0	1.280 0	1.320 0	1.360 0
2	1.254 4	1.299 6	1.322 5	1.345 6	1.392 4	1.440 0	1.537 6	1.638 4	1.742 4	1.849 6
3	1.404 9	1.481 5	1.520 9	1.560 9	1.643 0	1.728 0	1.906 6	2.087 2	2.300 0	2.515 5
4	1.573 5	1.689 0	1.749 0	1.810 6	1.938 8	2.073 6	2.364 2	2.684 4	3.036 0	3.421 0
5	1.762 3	1.925 4	2.011 4	2.100 3	2.288 3	2.488 3	2.931 6	3.436 0	4.007 5	4.652 6
6	1.973 8	2.195 0	2.313 1	2.436 4	2.699 6	2.986 0	3.635 2	4.398 0	5.289 9	6.327 5
7	2.210 7	2.502 3	2.660 0	2.826 2	3.185 5	3.583 2	4.507 7	5.629 5	6.982 6	8.605 4
8	2.476 0	2.852 6	3.059 0	3.278 4	3.758 9	4.299 8	5.589 5	7.205 8	9.217 0	11.703
9	2.773 1	3.251 9	3.517 9	3.803 0	4.435 5	5.159 8	6.931 0	9.223 4	12.166	15.917
10	3.105 8	3.707 2	4.045 6	4.411 4	5.233 8	6.191 7	8.594 4	11.806	16.060	21.647
11	3.478 5	4.226 2	4.652 4	5.117 3	6.175 9	7.430 1	10.675	15.112	21.199	29.439
12	3.896 0	4.817 9	5.350 3	5.936 0	7.287 6	8.916 1	13.215	19.343	27.983	40.037
13	4.363 5	5.492 4	6.152 8	6.885 8	8.599 4	10.699	16.386	24.759	36.937	54.451
14	4.887 1	6.261 3	7.075 7	7.987 5	10.147	12.839	20.319	31.691	48.757	74.053
15	5.473 6	7.137 9	8.137 1	9.265 5	11.974	15.407	25.196	40.565	64.359	100.71
16	6.130 4	8.137 2	9.357 6	10.748	14.129	18.488	31.243	51.923	84.954	136.97
17	6.866 0	9.276 5	10.761	12.468	16.672	22.186	38.741	66.461	112.14	186.78

续表

期数	12%	14%	15%	16%	18%	20%	24%	28%	32%	36%
18	7.690 0	10.575	12.375	14.463	19.673	26.623	48.039	86.071	148.02	253.34
19	8.612 8	12.056	14.232	16.777	23.214	31.948	59.568	108.89	195.39	344.54
20	9.646 3	13.743	16.367	19.461	27.393	38.338	73.864	139.38	257.92	468.57
21	10.804	15.668	18.822	22.574	32.324	46.005	91.592	178.41	340.45	637.26
22	12.100	17.861	21.645	26.186	38.142	55.206	113.57	228.36	449.39	866.67
23	13.552	20.362	24.891	30.376	45.008	66.247	140.83	292.30	593.20	1 178.7
24	15.179	23.212	28.625	35.236	53.109	79.497	174.63	374.14	783.02	1 603.0
25	17.000	26.462	32.919	40.874	62.669	95.396	216.54	478.90	1 033.6	2 180.1
26	19.040	30.167	37.857	47.414	73.949	114.48	268.51	613.00	1 364.3	2 964.9
27	21.325	34.390	43.535	55.000	87.260	137.37	332.95	784.64	1 800.9	4 032.3
28	23.884	39.204	50.066	63.800	102.967	164.84	412.86	1 004.3	2 377.2	5 483.9
29	26.750	44.693	57.575	74.009	121.50	197.81	511.95	1 285.6	3 137.9	7 458.1
30	29.960	50.950	66.212	85.850	143.37	237.38	634.82	1 645.5	4 142.1	10 143.0

附表二 复利现值系数表

期数	1%	2%	3%	4%	5%	6%	7%	8%	9%	10%
1	0.990 1	0.980 4	0.970 9	0.961 5	0.952 4	0.943 4	0.934 6	0.925 9	0.917 4	0.909 1
2	0.980 3	0.961 2	0.942 6	0.924 6	0.907 0	0.890 0	0.873 4	0.857 3	0.841 7	0.826 4
3	0.970 6	0.942 3	0.915 1	0.889 0	0.863 8	0.839 6	0.816 3	0.793 8	0.772 2	0.751 3
4	0.961 0	0.923 8	0.888 5	0.854 8	0.822 7	0.792 1	0.762 9	0.735 0	0.708 4	0.683 0
5	0.951 5	0.905 7	0.862 6	0.821 9	0.783 5	0.747 3	0.713 0	0.680 6	0.649 9	0.620 9
6	0.942 0	0.888 0	0.837 5	0.790 3	0.746 2	0.705 0	0.666 3	0.630 2	0.596 3	0.564 5
7	0.932 7	0.870 6	0.813 1	0.759 9	0.710 7	0.665 1	0.622 7	0.583 5	0.547 0	0.513 2
8	0.923 5	0.853 5	0.789 4	0.730 7	0.676 8	0.627 4	0.582 0	0.540 3	0.501 9	0.466 5
9	0.914 3	0.836 8	0.766 4	0.702 6	0.644 6	0.591 9	0.543 9	0.500 2	0.460 4	0.424 1
10	0.905 3	0.820 3	0.744 1	0.675 6	0.613 9	0.558 4	0.508 3	0.463 2	0.422 4	0.385 5
11	0.896 3	0.804 3	0.722 4	0.649 6	0.584 7	0.526 8	0.475 1	0.428 9	0.387 5	0.350 5
12	0.887 4	0.788 5	0.701 4	0.624 6	0.556 8	0.497 0	0.444 0	0.397 1	0.355 5	0.318 6
13	0.878 7	0.773 0	0.681 0	0.600 6	0.530 3	0.468 8	0.415 0	0.367 7	0.326 2	0.289 7
14	0.870 0	0.757 9	0.661 1	0.577 5	0.505 1	0.442 3	0.387 8	0.340 5	0.299 2	0.263 3

续表

期数	1%	2%	3%	4%	5%	6%	7%	8%	9%	10%
15	0.861 3	0.743 0	0.641 9	0.555 3	0.481 0	0.417 3	0.362 4	0.315 2	0.274 5	0.239 4
16	0.852 8	0.728 4	0.623 2	0.533 9	0.458 1	0.393 6	0.338 7	0.291 9	0.251 9	0.217 6
17	0.844 4	0.714 2	0.605 0	0.513 4	0.436 3	0.371 4	0.316 6	0.270 3	0.231 1	0.197 8
18	0.836 0	0.700 2	0.587 4	0.493 6	0.415 5	0.350 3	0.295 9	0.250 2	0.212 0	0.179 9
19	0.827 7	0.686 4	0.570 3	0.474 6	0.395 7	0.330 5	0.276 5	0.231 7	0.194 5	0.163 5
20	0.819 5	0.673 0	0.553 7	0.456 4	0.376 9	0.311 8	0.258 4	0.214 5	0.178 4	0.148 6
21	0.811 4	0.659 8	0.537 5	0.438 8	0.358 9	0.294 2	0.241 5	0.198 7	0.163 7	0.135 1
22	0.803 4	0.646 8	0.521 9	0.422 0	0.341 8	0.277 5	0.225 7	0.183 9	0.150 2	0.122 8
23	0.795 4	0.634 2	0.506 7	0.405 7	0.325 6	0.261 8	0.210 9	0.170 3	0.137 8	0.111 7
24	0.787 6	0.621 7	0.491 9	0.390 1	0.310 1	0.247 0	0.187 1	0.157 7	0.126 4	0.101 5
25	0.779 8	0.609 5	0.477 6	0.375 1	0.295 3	0.233 0	0.184 2	0.146 0	0.116 0	0.092 3
26	0.772 0	0.597 6	0.463 7	0.360 4	0.281 2	0.219 8	0.172 2	0.135 2	0.106 4	0.083 9
27	0.764 4	0.585 9	0.450 2	0.346 8	0.267 8	0.207 4	0.160 9	0.125 2	0.097 6	0.076 3
28	0.756 8	0.574 4	0.437 1	0.333 5	0.255 1	0.195 6	0.150 4	0.115 9	0.089 5	0.069 3
29	0.749 3	0.563 1	0.424 3	0.320 7	0.242 9	0.184 6	0.140 6	0.107 3	0.082 2	0.063 0
30	0.741 9	0.552 1	0.412 0	0.308 3	0.231 4	0.174 1	0.131 4	0.099 4	0.075 4	0.057 3

期数	12%	14%	15%	16%	18%	20%	24%	28%	32%	36%
1	0.892 9	0.877 2	0.869 6	0.862 1	0.847 5	0.833 3	0.806 5	0.781 3	0.757 6	0.735 3
2	0.797 2	0.769 5	0.756 1	0.743 2	0.718 2	0.694 4	0.650 4	0.610 4	0.573 9	0.540 7
3	0.711 8	0.675 0	0.657 5	0.640 7	0.608 6	0.578 7	0.524 5	0.476 8	0.434 8	0.397 5
4	0.635 5	0.592 1	0.571 8	0.552 3	0.515 8	0.482 3	0.423 0	0.372 5	0.329 4	0.292 3
5	0.567 4	0.519 4	0.497 2	0.476 2	0.437 1	0.401 9	0.341 1	0.291 0	0.249 5	0.214 9
6	0.506 6	0.455 6	0.432 3	0.410 4	0.370 4	0.334 9	0.275 1	0.227 4	0.189 0	0.158 0
7	0.452 3	0.399 6	0.375 9	0.353 8	0.313 9	0.279 1	0.221 8	0.177 6	0.143 2	0.116 2
8	0.403 9	0.350 6	0.326 9	0.305 0	0.266 0	0.232 6	0.178 9	0.138 8	0.108 5	0.085 4
9	0.360 6	0.307 5	0.284 3	0.263 0	0.225 5	0.193 8	0.144 3	0.108 4	0.082 2	0.062 8
10	0.322 0	0.269 7	0.247 2	0.226 7	0.191 1	0.161 6	0.116 4	0.084 7	0.062 3	0.046 2
11	0.287 5	0.236 6	0.214 9	0.195 4	0.161 9	0.134 6	0.093 8	0.066 2	0.047 2	0.034 0
12	0.256 7	0.207 6	0.186 9	0.168 5	0.137 3	0.112 2	0.075 7	0.051 7	0.035 7	0.025 0
13	0.229 2	0.182 1	0.162 5	0.145 2	0.116 3	0.093 5	0.061 0	0.040 4	0.027 1	0.018 4

续表

期数	12%	14%	15%	16%	18%	20%	24%	28%	32%	36%
14	0.204 6	0.159 7	0.141 3	0.125 2	0.098 5	0.077 9	0.049 2	0.031 6	0.020 5	0.013 5
15	0.182 7	0.140 1	0.122 9	0.107 9	0.083 5	0.064 9	0.039 7	0.024 7	0.015 5	0.009 9
16	0.163 1	0.122 9	0.106 9	0.093 0	0.070 9	0.054 1	0.032 0	0.019 3	0.011 8	0.007 3
17	0.145 6	0.107 8	0.092 9	0.080 2	0.060 0	0.045 1	0.025 8	0.015 0	0.008 9	0.005 4
18	0.130 0	0.094 6	0.080 8	0.069 1	0.050 8	0.037 6	0.020 8	0.011 8	0.006 8	0.003 9
19	0.116 1	0.082 9	0.070 3	0.059 6	0.043 1	0.031 3	0.016 8	0.009 2	0.005 1	0.002 9
20	0.103 7	0.072 8	0.061 1	0.051 4	0.036 5	0.026 1	0.013 5	0.007 2	0.003 9	0.002 1
21	0.092 6	0.063 8	0.053 1	0.044 3	0.030 9	0.021 7	0.010 9	0.005 6	0.002 9	0.001 6
22	0.082 6	0.056 0	0.046 2	0.038 2	0.026 2	0.018 1	0.008 8	0.004 4	0.002 2	0.001 2
23	0.073 8	0.049 1	0.040 2	0.032 9	0.022 2	0.015 1	0.007 1	0.003 4	0.001 7	0.000 8
24	0.065 9	0.043 8	0.034 9	0.028 4	0.018 8	0.012 6	0.005 7	0.002 7	0.001 3	0.000 6
25	0.058 8	0.037 8	0.030 4	0.024 5	0.016 0	0.010 5	0.004 6	0.002 1	0.001 0	0.000 5
26	0.052 5	0.033 1	0.026 4	0.021 1	0.013 5	0.008 7	0.003 7	0.001 6	0.000 7	0.000 3
27	0.046 9	0.029 1	0.023 0	0.018 2	0.011 5	0.007 3	0.003 0	0.001 3	0.000 6	0.000 2
28	0.041 9	0.025 5	0.020 0	0.015 7	0.009 7	0.006 1	0.002 4	0.001 0	0.000 4	0.000 2
29	0.037 4	0.022 4	0.017 4	0.013 5	0.008 2	0.005 1	0.002 0	0.000 8	0.000 3	0.000 1
30	0.033 4	0.019 6	0.015 1	0.011 6	0.007 0	0.004 2	0.001 6	0.000 6	0.000 2	0.000 1

附表三　年金终值系数表

期数	1%	2%	3%	4%	5%	6%	7%	8%	9%	10%
1	1.000 0	1.000 0	1.000 0	1.000 0	1.000 0	1.000 0	1.000 0	1.000 0	1.000 0	1.000 0
2	2.010 0	2.020 0	2.030 0	2.040 0	2.050 0	2.060 0	2.070 0	2.080 0	2.090 0	2.100 0
3	3.030 1	3.060 4	3.090 9	3.121 6	3.152 5	3.183 6	3.214 9	3.246 4	3.278 1	3.310 0
4	4.060 4	4.121 6	4.183 6	4.246 5	4.310 1	4.374 6	4.439 9	4.506 1	4.573 1	4.641 0
5	5.101 0	5.204 0	5.309 1	5.416 3	5.525 6	5.637 1	5.750 7	5.866 6	5.984 7	6.105 1
6	6.152 0	6.308 1	6.468 4	6.633 0	6.801 9	6.975 3	7.153 3	7.335 9	7.523 3	7.715 6
7	7.213 5	7.434 3	7.662 5	7.898 3	8.142 0	8.393 8	8.654 0	8.922 8	9.200 4	9.487 2
8	8.285 7	8.583 0	8.892 3	9.214 2	9.549 1	9.879 5	10.260	10.637	11.028	11.436
9	9.368 5	9.754 6	10.159	10.583	11.027	11.491	11.978	12.488	13.021	13.579
10	10.462	10.950	11.464	12.006	12.578	13.181	13.816	14.487	15.193	15.937

续表

期数	1%	2%	3%	4%	5%	6%	7%	8%	9%	10%
11	11.567	12.169	12.808	13.486	14.207	14.972	15.784	16.645	17.560	18.531
12	12.683	13.412	14.192	15.026	16.917	16.870	17.888	18.977	20.141	21.384
13	13.809	14.680	15.618	16.627	17.713	18.882	20.141	21.495	22.953	24.523
14	14.947	15.974	17.086	18.292	19.599	21.015	22.550	24.215	26.019	27.975
15	16.097	17.293	18.599	20.024	21.579	23.276	25.129	27.152	29.361	31.772
16	17.258	18.639	20.157	21.825	23.657	25.673	27.888	30.324	33.003	35.950
17	18.430	20.012	21.762	23.698	25.840	28.213	30.840	33.750	36.974	40.545
18	19.615	21.412	23.414	25.645	28.132	30.906	33.999	37.450	41.301	45.599
19	20.811	22.841	25.117	27.671	30.539	33.760	37.379	41.446	46.018	51.159
20	22.019	24.297	26.870	29.778	33.066	36.786	40.995	45.762	51.160	57.275
21	23.239	23.783	28.676	31.969	35.719	39.993	44.865	50.423	56.765	64.002
22	24.472	28.845	30.537	34.248	38.505	43.392	49.006	55.457	62.873	71.403
23	25.716	28.845	32.453	36.618	41.430	46.996	53.436	60.893	69.532	79.543
24	26.973	30.422	34.426	39.083	44.502	50.816	58.177	66.765	76.790	88.497
25	28.243	32.030	36.459	41.646	42.727	54.863	63.249	73.106	84.701	98.347
26	29.526	33.671	38.553	44.312	51.113	59.156	68.676	79.954	93.324	109.18
27	30.821	35.344	40.710	47.084	54.669	63.706	74.484	87.351	102.72	121.10
28	32.129	37.051	42.931	49.968	58.403	68.528	80.698	95.339	134.21	134.21
29	33.450	38.792	45.219	52.966	62.323	73.640	87.347	103.97	148.63	148.63
30	34.785	40.568	47.575	56.085	66.439	79.058	94.461	113.28	164.49	164.49

期数	12%	14%	15%	16%	18%	20%	24%	28%	32%	36%
1	1.000 0	1.000 0	1.000 0	1.000 0	1.000 0	1.000 0	1.000 0	1.000 0	1.000 0	1.000 0
2	2.120 0	2.140 0	2.150 0	2.160 0	2.180 0	2.200 0	2.240 0	2.280 0	2.320 0	2.360 0
3	3.374 4	3.439 6	3.472 5	3.505 6	3.572 4	3.640 0	3.777 6	3.918 4	4.062 4	4.209 6
4	4.779 3	4.921 1	4.993 4	5.066 5	5.215 4	5.368 0	5.684 2	6.015 6	6.362 4	6.725 1
5	6.352 8	6.610 1	6.742 4	6.877 1	7.154 2	7.441 6	8.048 4	8.699 9	9.398 3	10.146
6	8.115 2	8.535 5	8.753 7	8.977 5	9.442 0	9.929 9	10.980	12.136	13.406	14.799
7	10.089	10.730	11.067	11.414	12.142	12.916	14.615	16.534	18.696	21.126
8	12.300	13.233	13.727	14.240	15.327	16.499	19.123	22.163	25.678	29.732
9	14.776	16.085	16.786	17.519	19.086	20.799	24.712	29.369	34.895	41.435

续表

期数	12%	14%	15%	16%	18%	20%	24%	28%	32%	36%
10	17.549	19.337	20.304	21.321	23.521	25.959	31.643	38.593	47.062	57.352
11	20.655	23.045	24.349	25.733	28.755	32.150	40.238	50.398	63.122	78.998
12	24.133	27.271	29.002	30.850	34.931	39.581	50.895	65.510	84.320	108.44
13	28.029	32.089	34.352	36.786	42.219	48.497	64.110	84.853	112.30	148.47
14	32.393	37.581	40.505	43.672	50.818	54.196	80.496	109.61	149.24	202.93
15	37.280	43.842	47.580	51.660	60.965	72.035	100.82	141.30	198.00	276.98
16	42.753	50.980	55.717	60.925	72.939	87.442	126.01	181.87	262.36	377.69
17	48.884	59.118	65.075	71.673	87.068	105.93	157.25	233.79	347.31	514.66
18	55.750	68.394	75.836	84.141	103.74	128.12	195.99	300.25	459.45	700.94
19	63.440	79.969	88.212	98.603	123.41	154.74	244.03	385.32	607.47	954.28
20	72.052	91.025	102.44	115.38	146.63	186.69	303.60	494.21	802.86	1 298.8
21	81.699	104.77	118.81	134.84	174.02	225.03	377.46	633.59	1 060.8	1 767.4
22	92.503	120.44	137.63	157.41	206.34	271.03	469.06	812.00	1 401.2	2 404.7
23	104.60	138.30	159.28	183.60	244.49	326.24	582.63	1 040.4	1 850.6	3 271.3
24	118.16	158.66	184.17	213.98	289.49	392.48	723.46	1 332.7	2 443.8	4 450.0
25	133.33	181.87	212.79	249.21	342.60	471.98	898.09	1 706.8	3 226.8	6 053.0
26	150.33	208.33	245.71	290.09	405.27	567.38	1 114.6	2 185.7	4 260.4	8 233.1
27	169.37	238.50	283.57	337.50	479.22	681.85	1 383.1	2 798.7	5 624.8	11 198.0
28	190.70	272.89	327.10	392.50	566.48	819.22	1 716.1	3 583.3	7 425.7	15 230.3
29	214.58	312.09	377.17	456.30	669.45	984.07	2 129.0	4 587.7	9 802.9	20 714.2
30	241.33	356.79	434.75	530.31	790.95	1 181.9	2 640.9	5 873.2	12 941.0	28 172.3

附表四　年金现值系数表

期数	1%	2%	3%	4%	5%	6%	7%	8%	9%	10%
1	0.990 1	0.980 4	0.970 9	0.961 5	0.952 4	0.943 4	0.934 6	0.925 9	0.917 4	0.909 1
2	1.970 4	1.941 6	1.913 5	1.886 1	1.859 4	1.833 4	1.808 0	1.783 3	1.759 1	1.735 5
3	2.941 0	2.883 9	2.828 6	2.775 1	2.723 2	2.673 0	2.624 3	2.577 1	2.531 3	2.486 9
4	3.902 0	3.807 7	3.717 1	3.629 9	3.546 0	3.465 1	3.387 2	3.312 1	3.239 7	3.169 9
5	4.853 4	4.713 5	4.579 7	4.451 8	4.329 5	4.212 4	4.100 2	3.992 7	3.889 7	3.790 8
6	5.795 5	5.601 4	5.417 2	5.242 1	5.075 7	4.917 3	4.766 5	4.622 9	4.485 9	4.355 3

续表

期数	1%	2%	3%	4%	5%	6%	7%	8%	9%	10%
7	6.728 2	6.472 0	6.230 3	6.002 1	5.786 4	5.582 4	5.389 3	5.206 4	5.033 0	4.868 4
8	7.651 7	7.325 5	7.019 7	6.732 7	6.463 2	6.209 8	5.971 3	5.746 6	5.534 8	5.334 9
9	8.566 0	8.162 2	7.786 1	7.435 3	7.107 8	6.801 7	6.515 2	6.246 9	5.995 2	5.759 0
10	9.471 3	8.982 6	8.530 2	8.110 9	7.721 7	7.360 1	7.023 6	6.710 1	6.417 7	6.144 6
11	10.367 6	9.786 8	9.252 6	8.760 5	8.306 4	7.886 9	7.498 7	7.139 0	6.805 2	6.495 1
12	11.255 1	10.575 3	9.954 0	9.385 1	8.863 3	8.383 8	7.942 7	7.536 1	7.160 7	6.813 7
13	12.133 7	11.348 4	10.635 0	9.985 6	9.393 6	8.852 7	8.357 7	7.903 8	7.486 9	7.103 4
14	13.003 7	12.106 2	11.296 1	10.563 1	9.898 6	9.295 0	8.745 5	8.244 2	7.786 2	7.366 7
15	13.865 1	12.849 3	11.937 9	11.118 4	10.379 0	9.712 2	9.107 9	8.559 5	8.060 7	7.606 1
16	14.717 9	13.577 7	12.561 1	11.652 3	10.837 8	10.105 9	9.446 6	8.851 4	8.312 6	7.823 7
17	15.562 3	14.291 9	13.166 1	12.165 7	11.274 1	10.477 3	9.763 2	9.121 6	8.543 6	8.021 6
18	16.398 3	14.992 0	13.753 5	12.659 3	11.689 6	10.827 6	10.059 1	9.371 9	8.755 6	8.201 4
19	17.226 0	15.678 5	14.323 8	13.133 9	12.085 3	11.158 1	10.335 6	9.603 6	8.950 1	8.364 9
20	18.045 6	16.351 4	14.877 5	13.590 3	12.462 2	11.469 9	10.594 0	9.818 1	9.128 5	8.513 6
21	18.857 0	17.011 2	15.415 0	14.029 2	12.821 2	11.764 1	10.833 5	10.016 8	9.292 2	8.648 7
22	19.660 4	17.658 0	15.936 9	14.451 1	13.163 0	12.041 6	11.061 2	10.200 7	9.442 4	8.771 5
23	20.455 8	18.292 2	16.443 6	14.856 8	13.488 6	12.303 4	11.272 2	10.371 1	9.580 2	8.883 2
24	21.243 4	18.913 9	16.935 5	15.247 0	13.798 6	12.550 4	11.469 3	10.528 8	9.706 6	8.984 7
25	22.023 2	19.523 5	17.413 1	15.622 1	14.093 9	12.783 4	11.653 6	10.674 8	9.822 6	9.077 0
26	22.795 2	20.121 0	17.876 8	15.982 8	14.375 2	13.003 2	11.825 8	10.810 0	9.929 0	9.160 9
27	23.559 6	20.706 9	18.327 0	16.329 6	14.643 0	13.210 5	11.986 7	10.935 2	10.026 6	9.237 2
28	24.316 4	21.281 3	18.764 1	16.663 1	14.898 1	13.406 2	12.137 1	11.051 1	10.116 1	9.306 6
29	25.065 8	21.844 4	19.188 5	16.983 7	15.141 1	13.590 7	12.277 7	11.158 4	10.198 3	9.369 6
30	25.807 7	22.396 5	19.600 4	17.292 0	15.372 5	13.764 8	12.409 0	11.257 8	10.273 7	9.426 9

期数	12%	14%	15%	16%	18%	20%	24%	28%	32%	
1	0.892 9	0.877 2	0.869 6	0.862 1	0.847 5	0.833 3	0.806 5	0.781 3	0.757 6	
2	1.690 1	1.646 7	1.625 7	1.605 2	1.565 6	1.527 8	1.456 8	1.391 6	1.331 5	
3	2.401 8	2.321 6	2.283 2	2.245 9	2.174 3	2.106 5	1.981 3	1.868 4	1.766 3	
4	3.037 3	2.913 7	2.855 0	2.798 2	2.690 1	2.588 7	2.404 3	2.241 0	2.095 7	
5	3.604 8	3.433 1	3.352 2	3.274 3	3.127 2	2.990 6	2.745 4	2.532 0	2.345 2	

续表

期数	12%	14%	15%	16%	18%	20%	24%	28%	32%
6	4.111 4	3.888 7	3.784 5	3.684 7	3.497 6	3.325 5	3.020 5	2.759 4	2.534 2
7	4.563 8	4.288 3	4.160 4	4.038 6	3.811 5	3.604 6	3.242 3	2.937 0	2.677 5
8	4.967 6	4.638 9	4.487 3	4.343 6	4.077 6	3.837 2	3.421 2	3.075 8	2.786 0
9	5.328 2	4.946 4	4.771 6	4.606 5	4.303 0	4.031 0	3.565 5	3.184 2	2.868 1
10	5.650 2	5.216 1	5.018 8	4.833 2	4.494 1	4.192 5	3.681 9	3.268 9	2.930 4
11	5.937 7	5.452 7	5.233 7	5.028 6	4.656 0	4.327 1	3.775 7	3.335 1	2.977 6
12	6.194 4	5.660 3	5.420 6	5.197 1	4.793 2	4.439 2	3.851 4	3.386 8	3.013 3
13	6.423 5	5.842 4	5.583 1	5.342 3	4.909 5	4.532 7	3.912 4	3.427 2	3.040 4
14	6.628 2	6.002 1	5.724 5	5.467 5	5.008 1	4.610 6	3.961 6	3.458 7	3.060 9
15	6.810 9	6.142 2	5.847 4	5.575 5	5.091 6	4.675 5	4.001 3	3.458 7	3.076 4
16	6.974 0	6.265 1	5.954 2	5.668 5	5.162 4	4.729 6	4.033 3	3.483 4	3.088 2
17	7.119 6	6.372 9	6.047 2	5.748 7	5.222 3	4.774 6	4.059 1	3.502 6	3.097 1
18	7.249 7	6.467 4	6.128 0	5.817 8	5.273 2	4.812 2	4.079 9	3.517 7	3.103 9
19	7.365 8	6.550 4	6.198 2	5.877 5	5.316 2	4.843 5	4.096 7	3.529 4	3.109 0
20	7.469 4	6.623 1	6.259 3	5.928 8	5.352 7	4.869 6	4.110 3	3.538 6	3.112 9
21	7.562 0	6.687 0	6.312 5	5.973 1	5.383 7	4.891 3	4.121 2	3.545 8	3.115 8
22	7.644 6	6.742 9	6.358 7	6.011 3	5.409 9	4.909 4	4.130 0	3.551 4	3.118 0
23	7.718 4	6.792 1	6.398 8	6.044 2	5.432 1	4.924 5	4.137 1	3.555 8	3.119 7
24	7.784 3	6.835 1	6.433 8	6.072 6	5.450 9	4.937 1	4.142 8	3.559 2	3.121 0
25	7.843 1	6.872 9	6.464 1	6.097 1	5.466 9	4.947 6	4.147 4	3.561 9	3.122 0
26	7.895 7	6.906 1	6.490 6	6.118 2	5.480 4	4.956 3	4.151 1	3.564 0	3.122 7
27	7.942 6	6.935 2	6.513 5	6.136 4	5.491 9	4.963 6	4.154 2	3.565 6	3.123 3
28	7.984 4	6.960 7	6.533 5	6.152 0	5.501 6	4.969 7	4.156 6	3.567 9	3.123 7
29	8.021 8	6.983 0	6.550 9	6.165 6	5.509 8	4.974 7	4.158 5	3.568 7	3.124 0
30	8.055 2	7.002 7	6.566 0	6.177 2	5.516 8	4.978 9	4.160 1	3.569 3	3.124 2

参考文献

［1］ 马元兴．企业财务管理［M］．3版．北京：高等教育出版社，2017．

［2］ 张弛，金爱华．财务管理实务［M］．上海：立信会计出版社，2023．

［3］ 王俊平，金才亮，张光军．财务管理基础［M］．天津：南开大学出版社，2012．

［4］ 财政部会计财务评价中心．财务管理［M］．北京：经济科学出版社，2023．

［5］ 中国注册会计师协会．财务成本管理［M］．北京：中国财政经济出版社，2023．

［6］ 陈安萍．酒店财务管理实务［M］．3版．北京：中国旅游出版社，2023．

［7］ 王磊，孙雅静．财务管理实务［M］．北京：中国电力出版社，2016．

［8］ 刘春华，刘静中．财务管理［M］．4版．大连：大连出版社，2017．

［9］ 于水英，任翔燕．财务管理［M］．2版．北京：北京邮电大学出版社，2023．

［10］ 邹娅玲，肖梅崚．财务管理［M］．重庆：重庆大学出版社，2021．

［11］ 高山，高凯丽，周莎．财务管理［M］．北京：北京理工出版社，2019．

［12］ 张加乐．财务管理［M］．大连：东北财经大学出版社，2020．

［13］ 田钊平，胡丹．财务管理［M］．4版．北京：中国人民大学出版社，2022．

［14］ 解建秀，苏英伟，李盼盼．企业财务管理［M］．北京：清华大学出版社，2022．

［15］ 中等职业教育规划新教材编审委员会．企业财务管理［M］．武汉：武汉大学出版社，2023．